José Pierre

DuMont's kleines

Lexikon des Surrealismus

DuMont Buchverlag Köln

Übertragung aus dem Französischen: Herbert Schuldt
Titel der französischen Originalausgabe: Le Surréalisme

Druck: Rasch, Bramsche
Buchbinderische Verarbeitung: Boss-Druck, Kleve

Printed in Germany ISBN 3-7701-0766-7

Der Weg des Surrealismus

1919. Drei junge Dichter, Aragon, Breton und Soupault, gründen die Zeitschrift *Littérature*. Sie sind sich einig in der Bewunderung für *Die Gesänge des Maldoror* (*Les Chants de Maldoror*), die Isidore Ducasse, der Graf von Lautréamont, vor einem halben Jahrhundert veröffentlichte. *Littérature* (mit Fortsetzungen Okt.-Dez.) *Les champs magnétiques* von Breton und Soupault. Breton spricht später vom »zweifellos ersten surrealistischen Buch«, da es das Ergebnis der ersten systematischen Anwendung automatischen Schreibens (écriture automatique) ist. – Beeinflußt von de Chirico spiegelt sich in den »Collagen« von Max Ernst in Köln der surrealistische Geist. – In Nantes begeht Jacques Vaché Selbstmord. –

1920. Tristan Tzara, der 1916 in Zürich die Dada-Bewegung gegründet hatte, wird in Paris von Picabia und den Mitarbeitern von *Littérature* begeistert aufgenommen. Mit Unterstützung seiner neuen Freunde überträgt er die provokanten Ideen der Kundgebungen Dadas nach Paris.

1921. Der Barrès-Prozeß (Prozeß und Verurteilung des Herrn Maurice Barrès durch Dada), mit dem die Surrealisten gegen die bürgerlich-nationalistische Kultur anstürmen, verschärft ihre inneren Spannungen. – Anregende Kontakte zu Dichtern (Eluard, Péret) und Malern (Duchamp, Man Ray).

1922. Max Ernst und Masson kommen nach Paris. – Baron, Crevel, Desnos, Limbour, Vitrac scharen sich um Breton und seine Freunde. Die Zuhilfenahme spiritistischer Methoden in den »Schlafexperimenten« erbringt eine zusätzliche Bestätigung der écriture automatique. Breton schlägt den (von Apollinaire erfundenen) Ausdruck »Surrealismus« vor, um damit das ganze Gebiet der beabsichtigten Forschungen zu umreißen.

1923. Ein heftiger Krawall bei der Aufführung von Tzaras *Coeur à gaz (Gasherz)* markiert den endgültigen Bruch mit Dada.

1924. Zum Tode von Anatole France veröffentlichen die Surrealisten eine gegen ihn gerichtete Flugschrift *Un cadavre*, das sehr aggressive Pamphlet zieht ihnen die Feindseligkeit der Presse und der intellektuellen Kreise zu. – Breton publiziert das *Manifeste du Surréalisme*; Gründung der Zeitschrift *La Revolution Surréaliste*. – De Chirico nähert sich für kurze Zeit den Surrealisten. M. Lübeck, Malkine, M. Morise, Naville, Queneau schließen sich an. – In Paris wird das Büro für surrealistische Forschung der Öffentlichkeit zugänglich gemacht. – Masson und Miró malen die ersten surrealistischen Bilder.

1925. Bei dem Bankett zu Ehren des von ihnen hochgeschätzten Dichters Saint-Pol-Roux lösen die Surrealisten einen neuen Skandal aus, als sie lautstark ihre anti-patriotische Einstellung bekunden. Das Flugblatt *La révolution d'abord et toujours! (Zuerst und immer die Revolution)* unterstreicht die Bedeutung, die fortan in ihren Augen der gesellschaftlichen Revolution zukommt. Artaud übernimmt die Leitung der surrealistischen Zentrale. Unter den neuen Mitgliedern befinden sich P. Brasseur, Duhamel, Leiris, Prévert, Tanguy. – Die erste surrealistische Ausstellung vereint Arp, de Chirico, Max Ernst, Klee, Masson, Miró, Picasso, Man Ray, P. Roy. – Max Ernst entdeckt das Verfahren der »Frottage«. – Der »Cadavre exquis« ist das erste surrealistische Spiel.

1926. Eröffnung der *Galerie Surréaliste* mit Werken von Man Ray. – Gründung der belgischen Surrealistengruppe (Goemans, Lecomte, Magritte, Mesens, Nougé). – In Picassos Werk zeigt sich der Einfluß des Surrealismus. – Artaud und Vitrac gründen das Théâtre Alfred Jarry. – Arp zieht nach Meudon.

1927. Aragon, Breton, Eluard, Péret, P. Unik treten der Französischen Kommunistischen Partei bei, in der sie sich sogleich an unüberwindlichen Schwierigkeiten stoßen. – Artaud, Soupault, Vitrac brechen mit den Surrealisten. – Einzelausstellungen von Max Ernst, Tanguy (Paris) und Magritte (Brüssel).

1928/29. Vorübergehende Annäherung der Surrealisten an die Gruppe *Le Grand Jeu*. – Breton veröffentlicht *Le Surréalisme et la Peinture* und den Roman *Nadja*. – Baron, Desnos, Leiris, Limbour, Masson, Prévert, Queneau lösen sich von den Surrealisten, Buñuel, Char, Dali, Giacometti treten an ihre Stelle. Veröffentlichung des *Zweiten Manifests des Surrealismus*. – Rigaut begeht Selbstmord. Tzara versöhnt sich mit Breton.

1930. Unter dem Titel *Un Cadavre* veröffentlichen ausgetretene Surrealisten einen scharfen Angriff gegen Breton. Die erste Nummer der Zeitschrift *Le Surréalisme au service de la Revolution* erscheint mit einer Solidaritätsbekundung der Surrealisten für Breton. – Krawall bei der Uraufführung des Films *L'Age d'Or* von Buñel und Dali. Verbot des Films. – Aragon und Sadoul nehmen am II. Internationalen Kongreß revolutionärer Schriftsteller in Charkow teil.

1931. Entstehung zahlreicher surrealistischer Objekte. – Erste wichtige Surrealistenausstellung in den USA.

1932. Aragon und Sadoul brechen mit den Surrealisten. Brauner, Caillois, Hugnet, Mayoux, J. Monnerot, M. Oppenheim, H. Pastoureau, G. Rosey treten der Bewegung bei.

1933. Gründung der Zeitschrift *Minotaure*. – Breton, Eluard und Crevel werden aus der Kommunistischen Partei ausgeschlossen.

1934. Im Anschluß an den faschistischen Putschversuch vom 6. Februar ergreift Breton die Initiative eines *Aufrufes zum Kampf*, der eine breite Unterstützung bei den Intellektuellen findet. – Dominguez, Dora Maar, Oelze, Prassinos, Seligmann schließen sich den Surrealisten an. – Dali wird wegen seines Interesses für die Nazis von den Surrealisten angegriffen.

1935. Breton ohrfeigt Ehrenburg; infolgedessen wird ihm auf dem Schriftstellerkongreß zur Verteidigung der Kultur das Wort entzogen. – Crevel begeht Selbstmord. – Breton veröffentlicht *Du temps que les surréalistes avaient raison (Als die Surrealisten Recht hatten)*, worin der unheilbare Bruch mit dem stalinistischen »Kommunismus« besiegelt wird. Mit Bataille gründet er die Gruppe *Contre-Attaque*, antifaschistische Kampfvereinigung revolutionärer Intellektueller. – Picasso schreibt surrealistische Gedichte. Bellmer und Paalen schließen sich den Surrealisten an. Internationale Surrealisten-Ausstellungen in Kopenhagen und auf den Kanarischen Inseln.

1936. Die Internationale Surrealisten-Ausstellung in London erregt größtes Aufsehen. – Bei Ausbruch des Spanischen Bürgerkrieges begibt sich Péret an die Front zu den Anarchisten. – Die Pariser Surrealisten verurteilen die Moskauer Prozesse. – Dominguez erfindet die »décalcomanie sans objet préconçu«. – Ausstellung surrealistischer Objekte in der Pariser Galerie Ratton. Ausstellung ›Fantastic Art, Dada, Surrealism‹ im Museum of Modern Art, New York.

1937. Bei Rückkehr von einer Mexikoreise wird Artaud in eine Nervenklinik gebracht. – Internationale Surrealisten-Ausstellung in Japan. – Breton eröffnet die surrealistische Galerie Gradiva. – Seligmann und Matta schließen sich den Surrealisten an.

1938. In Paris wird die Internationale Surrealisten-Ausstellung in der Galerie Beaux-Arts zu einem Ereignis: 70 Künstler aus vierzehn verschiedenen Ländern nehmen teil. – Breton trifft in Mexiko Trotzky und verfaßt mit ihm das Manifest *Für eine unabhängige revolutionäre Kunst*. – Eluard verläßt die Surrealisten und schließt sich den Kommunisten an. – Breton bricht mit Eluard. – Aus Sympathie zu Eluard tritt Max Ernst aus der surrealistischen Gruppe aus. – Brauner verliert bei einer Keilerei unter Surrealisten ein Auge.

1939. Der Krieg zerstreut die Surrealisten: Breton und Péret werden eingezogen, Bellmer und Max Ernst interniert, Matta und Tanguy emigrieren in die Vereinigten Staaten, Paalen flieht nach Mexiko.

1940. Nach dem Zusammenbruch Frankreichs treffen sich zahlreiche Surrealisten in Marseille wieder, darunter Masson, Lam, Max Ernst und der aus dem Wehrdienst entlassene Breton. – Brauner geht in die Schweiz. – Internationale Surrealisten-Ausstellung in Mexiko.

1941. Breton, Max Ernst, Masson, Seligmann emigrieren in die USA, Péret geht zu Paalen nach Mexiko. – Die amerikanische Zeitschrift ›View‹ widmet den Surrealisten eine Sondernummer. – Picasso schreibt ein surrealistisches Theaterstück »Die Lust am Schwanz gepackt«.

1942. In New York veranstalten Breton und Duchamp eine internationale surrealistische Ausstellung ›Artists in Exile‹ unb geben mit Max Ernst die Zeitschrift VVV heraus. – Breton, N. Calas, L. Carrington, Max Ernst, Matta finden neue Freunde: Donati, Duits, Hare, R. Lebel, D. Tanning, I. und P. Waldberg. Auf Künstler wie Baziotes, Calder, Cornell, Kiesler und Motherwell übt die Anwesenheit der Surrealisten tiefen Einfluß aus.

1944. Für Gorky wird die Begegnung mit Breton entscheidend.

1945. Breton reist in den Westen und besucht die Indianerreservate der Hopi und der Zuni. – In Mexiko veröffentlicht Péret *Le Déshonneur des poètes (Die Schande der Dichter)*, worin er sich gegen die »Poesie« der Résistance wendet. – Desnos stirbt im KZ Theresienstadt. – Nadeaus erster Band der *Geschichte des Surrealismus* erscheint.

1946. Bei seiner Ankunft in Paris begrüßt Breton öffentlich, daß Artaud in die Freiheit zurückgekehrt ist. – Die surrealistische Gruppe bildet sich neu in einem feindseligen Klima, das sich weitgehend aus der kulturellen Allgewalt der Stalinisten erklärt.

1947. Breton, Duchamp, Kiesler veranstalten in der Galerie Maeght eine Internationale Surrealisten-Ausstellung. Während eines Vortrages im April verurteilt Tzara den Surrealismus und ruft seine Zuhörer zum Kommunismus auf. Breton erhebt Einspruch. Mai: Sartre schließt sich der Meinung Tzaras an. Juni: Die Surrealisten veröffentlichen ein Flugblatt *Rupture inaugurale (Der Bruch als Beginn)*, worin sie auf Sartres Beschuldigungen reagieren und sich weigern, sich einer wie auch immer gearteten politischen Linie zu unterwerfen. – S. Alexandrian, J.-P. Riopelle, S. Rodansky, I. Serpan, Schuster, C. Tarnaud treten zwischen 1947 und 1951 auf.

1948. Tod von Artaud. – Gorky begeht Selbstmord. – Matta und Brauner werden von der Gruppe ausgeschlossen. – Die erste Ausgabe der surrealistischen Zeitung *Néon* wird veröffentlicht. In Paris erscheint das anti-religiöse Flugblatt *A la niche les glapisseurs de Dieu (Ins Körbchen, die Kläffer Gottes).*

1951. Aus Protest gegen die Einmischung des aktiven Katholiken, des Dichters Michel Carrouges in die surrealistische Bewegung treten Henry, Hérold, Jean, R. Lebel, H. Pastoureau, P. Waldberg aus der Gruppe aus. – Die Gruppe *L'âge du cinéma* (R. Benayoun, G. Goldfayn, A. Kyrou) tritt dem Surrealismus bei. – Tod von Vitrac.

1952. Erste Nummer der Zeitschrift *Médium*. – Der Rundfunk überträgt das *Zwiegespräch* Breton-Parinaud. – Eröffnung der von Bréton geleiteten Galerie ›A l'étoile scellée‹ (Zum versiegelten Stern). – Tod von Eluard und Mabille.

1953. Hantaï und Svanberg werden entdeckt. – Tanguy wird aus der Gruppe ausgeschlossen. – Eine Annäherung zwischen Breton und dem

Kunstkritiker Charles Estienne, dem Verteidiger der »lyrischen Abstraktion« zeichnet sich ab. Tod von Picabia und Heisler.

1954. Gegen den gemeinsamen Feind, die »kalte« Abstraktion, lancieren Breton und Charles Estienne mit großem Aufwand den »Tachismus«. – Dank der Arbeiten von L. Lengyel entdecken die Surrealisten begeistert die keltische Kunst. – Max Ernst wird ausgeschlossen, weil er den Großen Preis der Biennale von Venedig angenommen hat. – *Médium* wird Zeitschrift.

1955. Hantaï, J. Reigl, A. Saura entfernen sich von den Surrealisten. – Tanguy stirbt. – F. Alquié veröffentlicht *Philosophie du Surréalisme*. – Benoit, V. Bounoure, Cabanel, Cárdenas, R. Ivsic, A. Joubert, Lagarde, Laloy, J.-J. Lebel, Le Maréchal, J. Mansour, Molinier, M. Parent, Silbermann tauchen zwischen 1955 und 1959 auf.

1956. Flugblätter prangern den verstockten Stalinismus der Französischen Kommunistischen Partei an und begrüßen den Aufstand in Ungarn. Erste Nummer der Zeitschrift *Le Surréalisme, même.*

1957. Die Surrealisten verurteilen die von Hantaï und Mathieu veranstalteten Kundgebungen eines erzkatholischen und faschistoiden Geistes. – Dominguez begeht Selbstmord.

1958. D. Mascolo und Schuster gründen das Journal *Le 14 juilliet*, um eine Opposition der Intellektuellen gegen das aus dem Staatsstreich vom 13. Mai hervorgegangene Regime zu organisieren. – Die erste Ausgabe von *Bief* erscheint. – Flugblatt gegen die Atomforschungen: *Entlarvt die Physiker, leert die Labors.*

1959. Breton söhnt sich mit Matta und Brauner aus. – Tod von Duprey, Paalen, Péret. – Die internationale Surrealisten-Ausstellung ›Eros‹ in der Galerie Daniel Cordier wird mit der *Vollstreckung des Testaments des Marquis de Sade* von Benoit eröffnet. – Bellmer entdeckt Schröder-Sonnenstern.

1960. Die sogenannte *Erklärung der 121* zum Algerienkrieg wird unter aktiver Mitarbeit der Surrealisten formuliert. – In New York, Ausstellung ›Surrealist Intrusion in the Enchanters' Domain‹. – Anläßlich eines taktischen Bündnisses mit der Gruppe Phases treten zahlreiche Künstler, insbesondere Alechinsky, Baj, H. Ginet, Gironella, Klapheck, Télémaque, in Verbindung mit den Surrealisten.

1961. Surrealistische Ausstellung in der Galleria Schwarz in Mailand. – Erste Nummer der Zeitschrift *La Brèche (Bresche)*. Ph. Audoin, Camacho, C. Courtot, Der Kevorkian, A. Le Brun, De Sanctis und Sterpini treten zwischen 1961 und 1965 in Beziehung zu den Surrealisten.

1964. Breton wendet sich gegen die Retrospektiv-Ausstellung des Surrealismus, die Patrick Waldberg in der Galerie Charpentier, Paris, organisiert.

1965. In der Galerie L'Oeil findet die internationale Surrealisten-Ausstellung ›L'écart absolu‹ statt, die die Konsumgesellschaft zur Zielscheibe nimmt. – Retrospektiven: Oelze in Hannover, Dali und Magritte in New York, Brauner in Wien.

1966. Tod Bretons. Die Surrealisten beschließen einmütig die Fortsetzung des Kampfes. Die erste Ausgabe von *l'Archibras* erscheint. – Tod von Arp, Brauner, Giacometti.

1967. Internationale Surrealisten-Ausstellung ›A phala‹ in Sao Paulo. Die Surrealisten nehmen in Havanna am ›Salon de Mai‹ teil, den C. Franqui und Lam organisieren. – Tod von Magritte.

1968. Der »Prager Frühling« ermöglicht die surrealistische Ausstellung ›Das Lustprinzip‹ in der Tschechoslowakei. Die Pariser Surrealisten können Verbindung mit Gleichgesinnten in Böhmen und der Slowakei aufnehmen. In einer gemeinsam formulierten *Prager Plattform* werden die Perspektiven der Zukunft geklärt. – In Paris werden die Mai-Ereignisse von den Surrealisten begeistert aufgenommen. – Tod von Duchamp. Neue surrealistische Maler (Gerber, Giovanna, Sánchez, Tovar) treten auf.

1969. Mit *Dem vierten Gesang*, veröffentlicht in ›Le Monde‹ vom 4. Oktober, verkündet Schuster das Ende des Surrealismus »als organisierte Bewegung in Frankreich«. – Er setzt hinzu: »Ist der Surrealismus deshalb tot? Nein. . . Wenige von uns werden versuchen, den neuen Weg zu finden, der dem historischen Surrealismus folgen wird.« Kurz danach erscheint die erste Nummer von *Coupure*, redigiert von Ph. Audoin, C. Courtot, J.-M. Goutier, Legrand, J. Pierre, Schuster, Silbermann. Junge Schriftsteller – H.-A. Baatsch, J.-C. Bailly, J.-F. Bory, P. Peuchmaurd – veröffentlichen dort.

1970. Ragnar von Holten organisiert im Moderna Museet in Stockholm die Ausstellung ›Surrealism?‹. – In der Zeitschrift *Coupure Nr. 4* werden Auszüge aus der »maoistischen« Publikation *la Cause du Peuple* (Die Sache des Volkes) veröffentlicht. Beschlagnahmung des Buches und eine Strafanzeige gegen die Zeitschrift sind die Folge.

1971. In Köln organisiert J. Pierre in der Galerie Baukunst die Ausstellung ›Der Geist des Surrealismus‹. Schuster und der Verleger Losfeld werden wegen *Coupure Nr. 4* zu 1000 Franken Buße verurteilt.

1972. Für den Großen Preis der Abteilung Plastik der Biennale von Venedig schlagen die Freunde von *Coupure* den Erleuchteten Laszlo Toth vor, der in der Peterskirche von Rom die *Pietà* von Michelangelo schwer beschädigt hat.

Lexikon

Es war unvereinbar mit der Aufgabestellung eines Nachschlagewerks und gar nicht daran zu denken, allen Rechnung zu tragen, die im Laufe eines halben Jahrhunderts einen Beitrag von einiger Bedeutung zur surrealistischen Bewegung geleistet haben. Sie schloß es aus, die zahlreichen Künstler von Brancusi bis zu Rauschenberg miteinzubeziehen, die sich an surrealistischen Ausstellungen beteiligt haben, ohne sich um die Aktivitäten der Bewegung zu kümmern. In einigen wenigen Fällen wiederum, wie bei Alechinsky oder Ponge, scheint eine effektive Mitarbeit an diesen Aktivitäten den spezifischen Zug der Persönlichkeit auszumachen.

Abstrakter Surrealismus. Dieser Ausdruck wurde von Robert Motherwell als Bezeichnung dessen vorgeschlagen, was geläufiger »abstrakter Expressionismus« genannt wird, jene starke Strömung der lyrischen Abstraktion nämlich, die – weitgehend unter dem Einfluß des surrealistischen Automatismus (Masson, Ernst, Matta, Miró) – in die amerikanische Malerei 1943–1944 einfloß. Nicht nur Gorky, sondern auch Baziotes, De Kooning, Gottlieb, Motherwell, Newman, Pollock, Rothko, Stamos, Still und zahlreiche Bildhauer haben dem Automatismus viel zu verdanken.

Ägypten. Der Dichter Georges Henein (geb. 1914) wird in den Jahren 1934 bis 1950 zum Organisator surrealistischer Aktivitäten in Ägypten, die sich unter dem Namen der »Gruppe Kunst und Freiheit« und mit der Hilfe des Verlagshauses ›Massen‹ (Kairo) äußern. Der Verlag veröffentlicht Gedichte, Pamphlete, Anthologien und bringt die Zeitschrift *Das Erbe des Sandes* (1947) heraus. Ramses Junan und Ikbal-El-Alaily stehen dabei neben Henein als die markantesten Mitarbeiter, ehe Ägypten dem Surrealismus einen der wertvollsten Beiträge in der Person Joyce Mansours liefert.

Äußerster Punkt. »Alles ermächtigt zu glauben, daß von einem gewissen geistigen Standpunkt aus Leben und Tod, Wirkliches und Imaginäres, Vergangenheit und Zukunft, Mittelbares und Nicht-Mittelbares, Hohes und Tiefes nicht mehr als Gegensätze wahrgenommen werden. Man wird umsonst einen anderen Antrieb für die Aktivität des Surrealismus suchen als die Hoffnung, eben diesen Punkt zu bestimmen« (A. Breton, *Zweites Manifest des Surrealismus*, 1929).

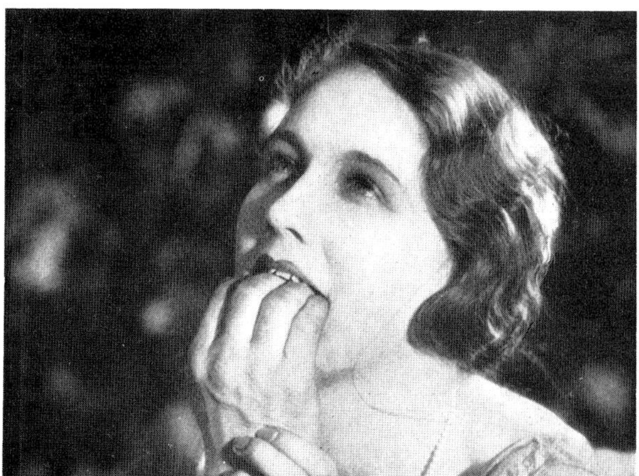

Buñuel und Dali, »Auf diesen Augenblick habe ich schon lange gewartet!« Einstellung aus *L'Age d'Or*, 1930

Age d'or (L'). »*L'Age d'or (Das goldene Zeitalter)* Dieser Film ist bis heute das einzige Hohelied der totalen Liebe, wie ich sie sehe,« schrieb Breton in *L'Amour fou.* Er hielt diesen Film immer für den einzigen im eigentlichen Sinn surrealistischen. Buñuel drehte den Film 1930 (der Anteil Dalis ist hier bei weitem geringer als in *Un chien andalou).* Er gibt eine lyrische Beschreibung der engen Gemeinsamkeit, die zwischen zwei Liebenden entsteht – ungeachtet der Trennung und der verschiedenen Formen der gesellschaftlichen Unterdrückung. Die leidenschaftliche Heftigkeit des Vortrages wendet mit selten erreichter revolutionärer Kraft die poetischen Mittel des Films an (Dissoziation von Ton und Bild, Vermeidung direkt erotischer Bilder, Metaphern und Collagen, etc.). Am 3. Dezember 1930 wurde das Studio 28, wo der Film seit zwei Monaten lief, von der Liga der Patrioten und der Antijüdischen Liga verwüstet. Der Polizeipräfekt Chiappe verbot den Film. Das Verbot ist heute noch nicht aufgehoben.

Alchemie. Die entscheidende Rolle der Metapher in der surrealistischen Dichtung läßt sich mit der Symbolik vergleichen, derer sich die Alchemisten zur Bezeichnung der Materien oder Operationen in ihrer Kunst bedienten (»schuppiger Drachen«, »grüner Löwe«, »geflügelte Schlange«). In beiden Fällen bezieht man sich nämlich auf ein Denken in Analogien, das – in Baudelaires Vokabular – »Korrespondenzen« zwischen den Dingen, oder zwischen den Gedanken, oder endlich zwischen den Gedanken und den Dingen herstellt. Indem sie ihre Bemühungen auf die Erzeugung des »Steins des Weisen« richtet, scheint die Alchemie diese »Korrespondenzen« nutzbar machen zu wollen, um in die physische Welt einzugreifen und Veränderungen an ihr vorzunehmen. Aber vielleicht ist die ganze Alchemie nur eine sinnbildliche Beschreibung einer den Weisen (den hermetischen Philosophen) vorbehaltenen spirituellen Operation? Wenn das so wäre, müßte man die »Alchemie des Wortes«, wie sie von Rimbaud auf die Surrealisten überkommen ist, buchstäblich nehmen. Denn dann ginge es darum, durch den Einsatz der wirksamsten Dichtung »das Leben zu ändern«, in einer spirituellen Metamorphose also, die gewiß materielle Auswirkungen mit sich brächte. Man könnte sie kaum von der visuellen Alchemie unterscheiden, die in der surrealistischen Malerei am Werk ist.

Amerika. Es gibt keine ausgesprochen surrealistischen Länder auf dem alten Kontinent, und die surrealistische Welt besteht aus zwei Teilen: Amerika und Ozeanien (siehe Stichwort). Natürlich geht es vor allem um das indianische Amerika. Die düstere Pracht der mexikanischen und peruanischen Kulturen hat die surrealistischen Dichter und Maler tief geprägt, aber doch anders als die noch nicht erloschenen oder uns wenigstens näherstehenden Kulturen. Unter diesen kommt Britisch-Kolumbien (Haida, Kwakiutl) wegen der wahnsinnigen Freigiebigkeit eine Sonderstellung zu, die sich in der ostentativen Verschwendung des »Potlatch« äußert, in ihren großartigen Totempfählen und in der »automatischen« Sicherheit, mit der die rasch geführte Zeichnung ihr Thema der gegebenen Oberfläche an-

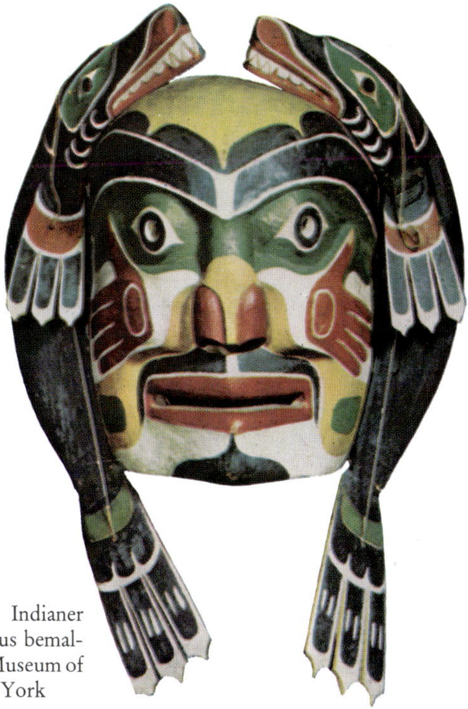

Kunst der amerikanischen Indianer (Kwakiutl). Gelenkmaske aus bemaltem Holz, ca. 1850 – 1900. Museum of the American Indian, New York

paßt und formale Analogien umspielt. Das Gleiche gilt für die Pueblo-Indianer (Hopi, Zuñi, Navajo), deren »Katchina«-Puppen und in Sand gemalte Bilder die Aufgabe haben, die für ihr Leben fundamentalen Kosmogonien lebendig vor Augen zu halten. Die Bedeutung des Traums im Leben der Prärieindianer und für die Tätigkeit ihrer Schamanen drückt sich schon aus im Raum, den die Bildschriften einnehmen. Die Surrealisten blieben ihnen gegenüber nicht unempfindlich. Ihr Beispiel hat die Auseinandersetzung der amerikanischen Künstler, von Hare bis Pollock, mit der indianischen Kunst gefördert, während gleichzeitig der Automatismus sie zur Entdeckung ihrer eigenen Originalität führte. In ganz Lateinamerika wurden nicht nur den Künstlern sondern auch den Dichtern und Romanautoren durch den Surrealismus neue Wege eröffnet.
Schließlich haben die Surrealisten die Kunst der alaskischen Eskimos mit ihrer so frischen und wirksamen Symbolik genau so rückhaltlos bewundert wie die Riten des haitischen Wodu-Kultes, dieses einzigartigen Abkömmlings afrikanischer Glaubensvorstellungen.

Amour fou (L') (Leitbild der wahnartigen Liebe, die die rationalen und sozialen Zwänge zertrümmert und damit – weit über die Liebe hinaus – der Erfahrung zugänglich macht, was für gewöhnlich verdrängt, versperrt, unerkundbar jenseits des gemordeten Lebens liegt. »Ist es wahr, daß das . . . Jenseits in diesem Leben liegt?« [Breton, *Nadja*]) Wie läßt sich das Komplott der dunklen Mächte vereiteln, die sich der Verwirklichung unserer Wünsche entgegenstellen? Vielleicht, indem man diesen Wünschen genügend Vertrauen entgegenbringt. Aber auch nur dann, wenn sie sich schließlich allein aus dem Licht der erwählten Liebe erhellen, die jedes Individuum im Laufe seines Lebens zur Begegnung mit einem einzigen anderen Wesen führt. So wird nur das Leben in der Lage sein, ein mehr oder weniger geheimes Verlangen zu erfüllen, wie Breton in diesem (1937 veröffentlichten) Buch feststellt, wenn er von »der Nacht der Sonnenblume« berichtet, in der sich durch die Begegnung mit seiner späteren Frau eine Voraussage erfüllt, die er elf Jahre vorher in einem Gedicht formuliert hatte; das Gleiche gilt für den »glücklichen Fund«, wie ihn etwa Giacometti machte, als er auf dem Flohmarkt den Gegenstand entdeckte, der es ihm endlich ermöglichte, seine Skulptur *Der unsichtbare Gegenstand* zu vollenden. Diese Betrachtungen Bretons über die Liebe setzen sich fort in *Arcane 17* (1945).

Apollinaire. Wilhelm Apollinaris de Kostrowitzky, *genannt* Guillaume (Rom 1880 – Paris 1918). »Es ist viel lustiger, wenn sich etwas ändert. – Merken muß man es nur.« Dadurch daß er in seinen Gedichten den Forderungen der Zeit und dem radikalen Neuansatz der avantgardistischen Künstler eine starke Stimme gab, ist Apollinaire, der auch der Erotik und dem Esoterischen größte Aufmerksamkeit entgegenbrachte, der unmittelbare Vorläufer des Surrealismus gewesen, ein verworrener und manchmal enttäuschender, meistens aber genialer Vorläufer.

Aragon, Louis (Paris, 1897). »Immer der ganze Regenbogen. . .« (A. Breton). Verblüffender Komödiant, bewährter Prosaist und fleißiger Dichter, nimmt er seit den Anfängen des Surrealismus den zweiten Platz ein, bis zum Schicksalsjahr 1932, in dem er sich mit Leib und Seele der Französischen Kommunistischen Partei ergibt, die ihn zum leuchtenden Aushängeschild ihrer Kulturpolitik macht. Wenn die Gedichtbände der surrealistischen Zeit (wie die späteren) für null und nichtig erachtet werden können, so gilt dies aber nicht für die Prosa, die prasselnde Feuerwerke abbrennt: *Anicet ou le Panorama* (1921), *le Libertinage* (1924), *le Paysan de Paris* (1926), *Traité du Style* (1928), *la Peinture au défi* (1930). Als Hauptpropagandist des »sozialistischen Realismus« in Frankreich verehrt er munter, was er einst verbrannt hatte, und verwandelt sich seit den *Glocken von Basel* (1933; dt. 1948) in einen realistischen Romancier, dann seit *Crève-Coeur* (1941) in einen schrill-gassenhauerischen Dichter vaterländischer, militärischer und ehelicher Tugenden *(Les Yeux d'Elsa,* 1942). Seit 1966 behauptet er, mit dem Geist Bretons in Verbindung zu stehen, ohne jedoch deshalb die Blumenkette zu zerreißen, an der ihn die Partei hält, die ihm, in sei-

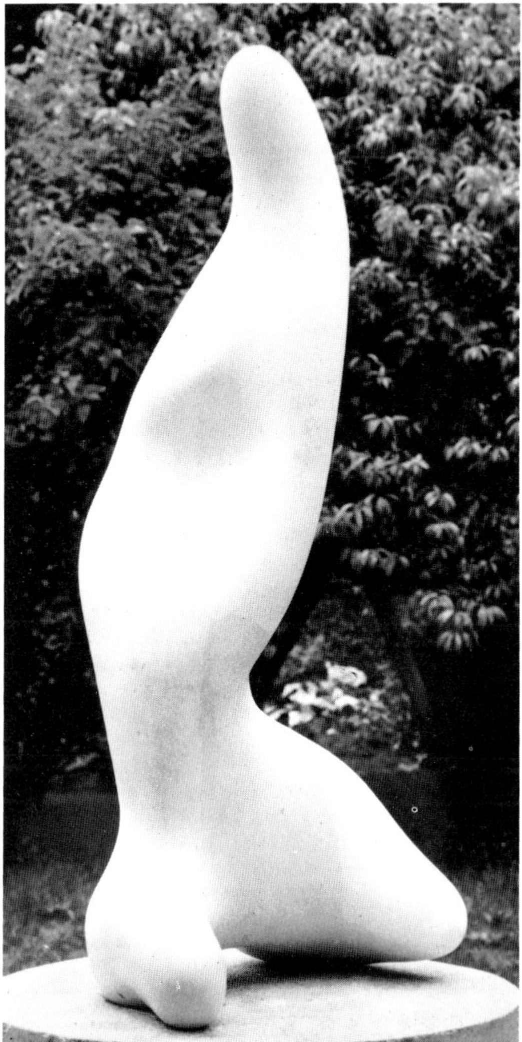

Hans Arp, Kobra-Kentaur, 1952, Weißer Marmor

nen eigenen Worten, »die Farben Frankreichs geschenkt hat«.

Arp, Hans oder Jean (Straßburg 1887 – Basel 1966). »Ich schlafe und warte darauf, daß mir Blätter wachsen«: Könnte man nicht wirklich sagen, daß Arp alles vom Schlaf empfangen hat? Vom Schlaf oder genauer vom Traum, denn es ist das Träumerische seiner Inspiration, das ihn schon 1916 von den anderen an den Aktivitäten Dadas in Zürich Beteiligten unterscheidet und als einzigen aus dieser Gruppe veranlaßt, 1925 in die Reihen der Surrealisten einzutreten. Mit dem Automatismus (knappe, nervöse Strichzeichnungen, Flecken mit fließenden Umrissen) scheint er ein für alle Mal ein vollständiges Repertoire von Formen entdeckt zu haben, die ein ungemein reiches inneres Leben ausdrücken. Daraus erklärt sich die überraschende und ungewöhnliche Kontinuität eines Werkes, das im Laufe eines halben Jahrhunderts ununterbrochenen Erfindens nie einen Bruch gekannt hat. Die vorherrschende Form ist bei Arp eine Art schelmischer Bohne, in der ein waches Auge die Hoffnung auf Leben und das Versprechen künftiger Entwicklung feststellen würde, die allerdings geheimnisvoll bleibt, da ja der angedeutete embryonale Zustand unter anderem dem Menschen, dem Vogel und dem Fisch gemeinsam ist. Dennoch ist seit 1914 auf eine ständige Versuchung durch die Geometrie hinzuweisen, die gewissermaßen das statische und dem Tod zugewandte Gegenstück zu dem dynamischen Besingen des knospenden Lebens darstellt. Durch seine Frau Sophie Täuber-Arp, eine hervorragende abstrakte Malerin, auf diesem Weg bestärkt, hat Arp um 1930, als Surrealismus und Abstraktion sich herausforderten, im gleichen Zeitraum an Ausstellungen abstrakter Kunst und an surrealistischen Aktivitäten teilgenommen. Aber die Dichtung Arps, im Deutschen wie im Französischen eine der köstlichsten des 20. Jahrhunderts, versichert uns mit leichtfüßigen Späßen, lebhaft und in spontanen Ausbrüchen des Wunderbaren, so daß die entscheidende Triebfeder bei ihm in jedem Fall »der reine psychische Automatismus« bleibt, wie Breton 1924 den Surrealismus definierte. Fast das ganze dichterische Werk wurde 1966 von Marcel Jean unter dem Titel *Jours effeuillés (Entblätterte Tage)* zusammengetragen. Dies ist eines der großen Bücher unserer Zeit; zwischen den Texten erscheinen nacheinander; 1916 die biomorphen Holzschnitte, die »nach dem Gesetz des Zufalls« geklebten Papiere, und die ersten ausgesägten Holzreliefs, 1930 die ersten »Konkretionen« (Skulpturen), die Fadenbilder und die ersten »zerrissenen Papiere«, aus den Trümmern dieser zerstörten Zeichnungen sprühen Anmut und Schönheit. »Das zerrissene Papier ist schön wie die Natur und vollkommen wie sie. Entstehen und Verschwinden sind ihm natürlich und ohne Tragik« – so suggerierte Arp, daß Leben und Tod ohne Ende eine Kette bilden.

Artaud, Antonin (Marseille 1896 – Ivry-sur-Seine 1948). »Immer wird die Jugend dieses verbrannte Banner als das ihre erkennen« (A. Breton). Man hat sich ziemlich daran gewöhnt, Artaud in Opposition zum Surrealismus im allgemeinen und ganz besonders zu Breton hinzustellen. Gewiß, Artaud ist mit niemand anderem zu verwech-

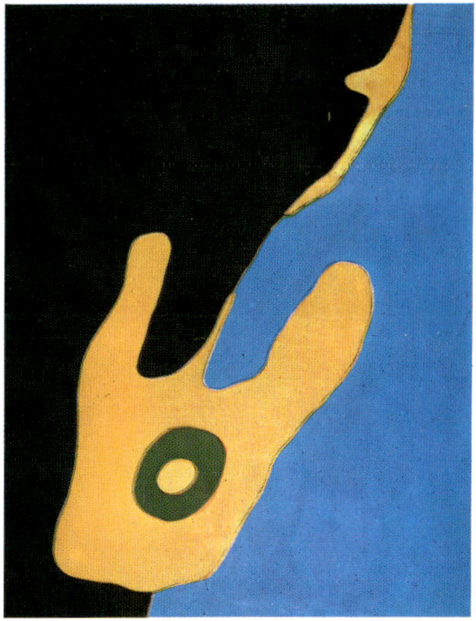

Hans Arp, Gestaltung, 1928. Kunstmuseum, Basel

Hans Arp, Der Mann mit den drei Naslöchern, 1920. Privatsammlung, Meriden

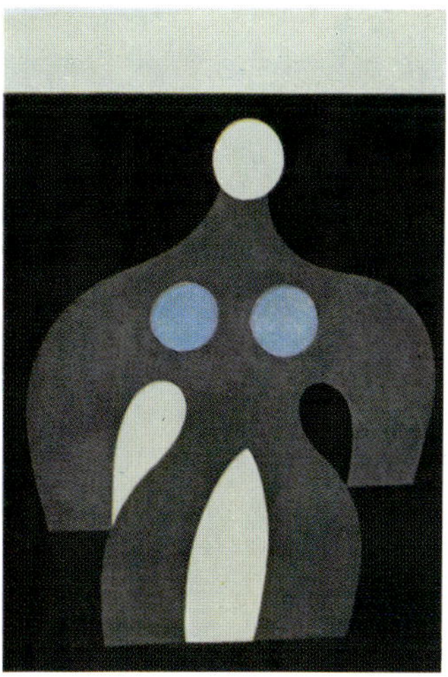

seln als mit sich selbst, vor allem nachdem er in seinen letzten Jahren zu einem permanenten »dichterischen Furor« mit bis dahin nicht dagewesenen Akzenten gelangt. Aber dieser bis zum Reißen gespannte Zustand zeigte sich schon vorher, wenn auch in einem geringeren Grade als er 1925 die Surrealistische Zentrale leitete und in diversen Manifesten sein ätzendes Fieber abdruckte (*An den Dalai Lama; An den Papst; Brief an die Chefärzte der Irrenheime*). Es stimmt, daß Breton sich gegen die daraus entstehende paroxystische Orientierung gewandt hat, so wie Artaud gegen die Absichten opponierte, die damals Breton und mehrere andere Surrealisten zum Kommunismus hin trieben. Zum Bruch kam es im Anschluß an die Gründung des Théâtre Alfred Jarry durch Artaud und Vitrac im Jahre

1926. Zehn Jahre wird Artaud vollkommen von Theater und Film beansprucht, denen er seine dünnhäutige Sensibilität und sein umstürzendes Gesicht mitbringt. In Mexiko 1936 beeindruckt ihn der Peyotl-Tanz der Tarahumara-Indianer. Im Laufe der Rückreise regt er sich über diese Erlebnisse derart auf, daß er gleich bei seiner Ankunft in Le Havre in eine Nervenklinik gebracht wird (1937). Er wird von Dr. Ferdière in Rodez behandelt; 1946 erhält er seine Freiheit zurück und veröffentlicht dann seine bewundernswerten Werke (*Van Gogh, le suicidé de la société,* [*Van Gogh, der Selbstmörder der Gesellschaft*] 1947). Aber sein *Theater der Grausamkeit* (franz. 1932) erregt noch immer die Avantgarde-Theater.

Art brut (Rohe Kunst). Die gegen 1948 von dem Maler Jean Dubuffet im Gegensatz zu »kultureller Kunst« vorgeschlagene Benennung bezeichnet die künstlerische Produktion von Autodidakten, die – entweder wegen ihrer sozialen Herkunft oder infolge besonderer Umstände – von den gewöhnlichen kulturellen Aktivitäten und den Plätzen, wo diese sich äußern (Kunstschulen, Museen, Galerien), ferngehalten werden. Da sie somit nicht mehr aus einem gesellschaftlichen Ritus hervorgegangen ist, sondern aus einer strengen individuellen Notwendigkeit, zeichnet sich l'Art brut durch eine Art Spontanzeugung aus, bei der der Künstler die ganze Substanz seiner Werke aus der eigenen, sinnlichen oder imaginären Erfahrung gewinnt. Daran wird deutlich, wie nahe ein solcher Künstler dem surrealistischen Maler oder Bildhauer steht, der einen derartigen »Zustand der Gnade« durch die Verwendung des Automatismus oder des banalsten Darstellungscodes (Magritte) wiederzufinden hofft. Diese Parallele wird weniger überraschen, wenn man sich vergegenwärtigt, wie zahlreich in den Reihen der Art brut die Maler-Medien sind, die auf automatische Weise zeichnen oder malen. Aber der höchste Anteil entfällt auf die an geistigen Störungen erkrankten Maler, unter denen die Schizophrenen das stärkste und glorreichste Kontingent stellen. Und gerade die Untersuchung der schizophrenen Kunst hat allgemeine Züge zutage gefördert (»Füllwerk«, Stereotypie, usw.), die mit ähnlichen Erscheinungen im Automatismus der Medien und der Surrealisten zu vergleichen wären. Die dritte Abteilung der Art brut umfaßt autodidaktische Künstler, die weder in den Bereich des Spiritismus, noch in den der Psychiatrie gehören, obschon ihre Werke verwandte Züge mit diesen beiden aufweisen. Die Surrealisten, und Breton als erster, haben Wert darauf gelegt, bekannt zu machen, daß sie sie alle, die Medien (Joseph Crépin, Ferdinand Cheval, Augustin Lesage), die Schizophrenen (Aloïse, Adolf Wölfli) und die Autodidakten (Gaston Chaissac, Robert Tatin, Scottie Wilson), für vorbildliche Schöpfer ansehen.

Ausschlüsse. ». . . ich glaube nicht, daß der Verlust der einen oder anderen, vielleicht sogar brillanten Persönlichkeit dem Surrealismus viel schadet, vor allem, wenn sie eben durch ihre Entfremdung vom Surrealismus schon nicht mehr vollständig ist und durch ihr ganzes Verhalten bekundet, daß sie sich wieder in die Norm eingliedern möchte« (A. Breton, 1929).

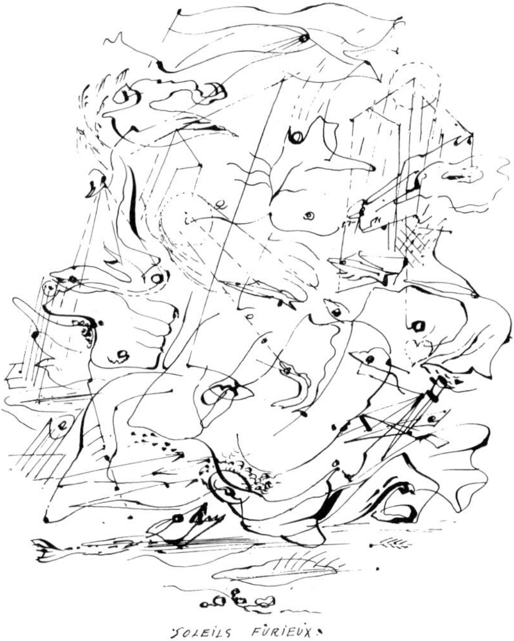

André Masson, Wütende Sonnen, 1925, Automatische Zeichnung

Automatismus (in den bildenden Künsten). Die kanadischen »Automatisten« unterschieden drei Typen von Automatismen: 1. den *mechanischen* Automatismus, der aus »streng physischen Verfahren entsteht: Falten, Kratzen (Grattage), Reiben, Ablagerungen, Berußen (Fumage), Schwerkraft, Drehung, usf.«; 2. den *psychischen* Automatismus, der auf Erinnerungen von Träumen (Dali), von Sinnestäuschungen (Tanguy), von »Zufällen aller Art« (Duchamp) beruht: »das Interesse richtet sich mehr auf den behandelten Gegenstand (Idee, Ähnlichkeit, Bildnis, unvorhergesehene Verknüpfung von Objekten, geistiger Bezug) als auf den wirklichen Gegenstand (bildnerisches Objekt, das den sinnlich wahrnehmbaren Verhältnissen des verwendeten Materials entspricht)«; 3. den *surrationalen* Automatismus, eine nicht vorherbestimmte bildnerische Schrift: »Eine Form ruft die nächste hervor, bis ein Eindruck von Einheit entsteht, oder bis es unmöglich wird, weiter zu machen, ohne zu zerstören. Bei der Ausführung wird nicht auf den Inhalt geachtet. Die Überzeugung, daß er unweigerlich mit dem Beinhaltenden verknüpft ist, gibt dieser Freiheit ihre Berechtigung. . .« (1948). Was Breton 1939 im Hinblick auf Dominguez, Paalen, Matta »absoluten Automatismus« genannt hat, entspricht dem

»surrationalen« Typus, außer daß die Surrealisten sich im allgemeinen vorbehielten, die Ergebnisse dieses Automatismus auszudeuten, sie gewissermaßen zu *lesen,* während die »Automatisten« und die Lyrisch-Abstrakten (oder abstrakten Expressionisten) sich diese Ausdeutung im allgemeinen untersagen. Andererseits scheuen die Letzteren sich nicht, mit ästhetischen Retuschen einzugreifen, um die Harmonie des Gemäldes zu bewahren.

Baron, Jacques (Paris 1905). »Boxer und junge Mädchen im Trikot halten sich auf verwilderten Grundstücken bei den Hüften umschlungen.« Mit siebzehn Jahren gesellt er sich zu Breton und dessen Freunden. Er ist ein liebenswürdiger Dichter (*L'Allure poétique,* 1924) und veröffentlicht 1969 seine Erinnerungen, *L'An I du Surréalisme (Das Jahr I des Surrealismus*).

Bataille, Georges (Billom, Puy-de-Dôme, 1897 – Paris 1962). Mit einem wilden und glühenden kleinen Buch, *Histoire de l'oeil* (1928) (*Geschichte des Auges*), hat Bataille eine Auseinandersetzung mit den Beziehungen von Sinnengenuß und Tod eingeleitet, die erst mit seinem Ableben ein Ende finden sollte. Da er dem Surrealismus einerseits sehr nahe stand, andererseits sich gegen die Faszination wehrte, die er für das Christentum und das Leiden empfand, erscheint Bataille schließlich als das unzertrennliche Negativ Bretons: »Man könnte André Breton und Georges Bataille für zwei Pole des surrealistischen Geistes halten, wie er sich bis heute gezeigt hat« (Patrick Waldberg). Nachdem er um 1930 einen Augenblick lang jene Surrealisten um sich geschart hatte, von denen Breton sich gerade getrennt hatte, gründet Bataille 1935 mit ihm die antifaschistische Gruppe *Contre-Attaque.* Neue Meinungsverschiedenheiten tauchen auf, aber gleich nach dem zweiten Weltkrieg bekunden sie wiederholt ihre gegenseitige Wertschätzung ohne von ihren unterschiedlichen Auffassungen abzuweichen. Von den Hauptwerken Batailles sind noch die erotischen Erzählungen *Madame Edwards* (1941) und *Ma Mère* (1966) (Meine Mutter), die Essais *La Part maudite* (1949) und *L'Erotisme* (1957) zu nennen.

Belgien. 1924 gründen Camille Goemans (1900 – 1960), Marcel Lecomte (1900 – 1966) und Paul Nougé (1895 – 1967) die Gruppe und die Zeitschrift *Correspondance.* 1925 veröffentlichen Magritte und Mesens die Zeitschrift *Oesophage (Speiseröhre).* Die Vereinigung dieser beiden Gruppen aktiviert die Surrealisten in gemeinsamen Unternehmungen, wenn auch Kräche und Ausschließungen nicht erspart bleiben. Das Zentrum der Szene ist das Werk von Magritte. Nacheinander treten André Souris (1898 – 1970), Louis Scutenaire (geb. 1905), Paul Colinet (1898 – 1957) und Marcel Mariën (geb. 1920) in Erscheinung und finden ihren Platz im Zentrum der Bewegung, die sich in neuen Zeitschriften (*Marie, Variétés, Documents, 34, usw.*), in Gedichtbändchen und Ausstellungen äußert. Was den Brüsseler Surrealismus kennzeichnet, ist zweifellos die offenkundige Bescheidenheit seiner Ambitionen und eine gewisse Neutralität des Tones: nie gibt man sich hier dem emphatischen lyrischen

Elan oder dem Exzeß des Exhibitionismus hin. Man spricht mit ruhiger Stimme in Plüsch-Atmosphäre, in der die alltäglichen Worte und Dinge plötzlich eine ungewohnte Resonanz bekommen, man kultiviert unscheinbares Auftreten, das aber sofort die hoffnungslos negative Haltung verrät. Diese Vorliebe für scheinheiliges Verhalten und der damit einhergehende, manchmal platte Humor führten zu Temperaturschwankungen in den surrealistischen Beziehungen zwischen Brüssel und Paris, die bis auf tiefen Frost fielen, so etwa 1946, als Magritte und seine Freunde sich vorübergehend den Stalinisten anschlossen. Nach Magritte ist Nougé die erhabenste Figur der Gruppe; bei ihm ist die Gefahr eines Ausbruchs aus dem zur Schau getragenen prosaischen Wesen eklatant. (*Quelques écrits et dessins de Clarisse Juranville*, 1927 [*Einige Schriften und Zeichnungen von C.J.*]; *René Magritte ou les images défendues*, 1943 [*R.M. oder die verbotenen Bilder*]; *L'Expérience continue*, 1966 [*Das Experiment geht weiter*]. Colinet, Lecomte, Mesens, Scutenaire sind mitunter humoristische Dichter; Goemans leitete in Paris die surrealistische Galerie; Mariën verlegte die Werke seiner Freunde; Souris trotzte dem Verbot, das die Surrealisten über die Musik verhängt hatten. Magrittes Ausstrahlung war und bleibt bemerkenswert. In Belgien hinderte sie sogar andere eigenständige surrealistische Maler in ihrer Entwicklung und am Erfolg – vielleicht mit Ausnahme Jane Graverols (geb. 1910). Das trifft nicht zu auf Paul Delvaux (geb. 1897), der niemals wirklich an den surrealistischen Aktivitäten teilgenommen hat. In Distanz zu Brüssel hat Achille Chavée (1906–1969), der 1935 die surrealistische Gruppe von La Louvière gründete, für die Dichtung gelebt.

Bellmer, Hans (Kattowitz, 1902 – Paris 1975). 1932 beginnt Bellmer in Berlin, seine *Puppe* zu bauen, wozu ihn das Zusammentreffen von drei Umständen veranlaßt: die Wiederentdekkung der kleinen Schätze seiner Kindheit, der zweideutige Reiz der kleinen Cousine Ursula, und die Aufführung von Offenbachs *Hoffmanns Erzählungen.* Photos davon gelangen in die Hände der Surrealisten, die sie im Dezember 1935 in *Minotaure* unter dem Titel »Variationen über die Montage einer minderjährigen Gliederpuppe« veröffentlichen. Bellmer führt eine zweite, perfektere Fassung seiner willfährigen Lolita aus, und 1938 gelingt ihm die Übersiedlung nach Paris, wo er sich den Surrealisten anschließt. Eluard schreibt einen aufgewühlten Kommentar zu der *Puppe.* Erst von den Franzosen interniert, dann von den Deutschen gesucht, kommt Bellmer nur unter Schwierigkeiten durch die schweren Kriegsjahre. Jedoch kann er in der Radierung seine wunderbare graphische Virtuosität beweisen und sie in den Dienst der vollständigen Permutation der Partien des weiblichen Körpers stellen, von denen er träumt und die ihn bis zu seinem Tod verfolgten (*Anatomie de l'image*, 1957): Allem Anschein nach ist Hans Bellmer ein »polymorpher Perverser«.

Benoit, Jean (Québec, 1922). In Paris übersetzt er 1949 das einzigartige Werk der *Vollstreckung des Testaments des Marquis de Sade* in das plastische Bild eines Kostüms, wozu er zwei volle Jahre braucht. Es ist ein

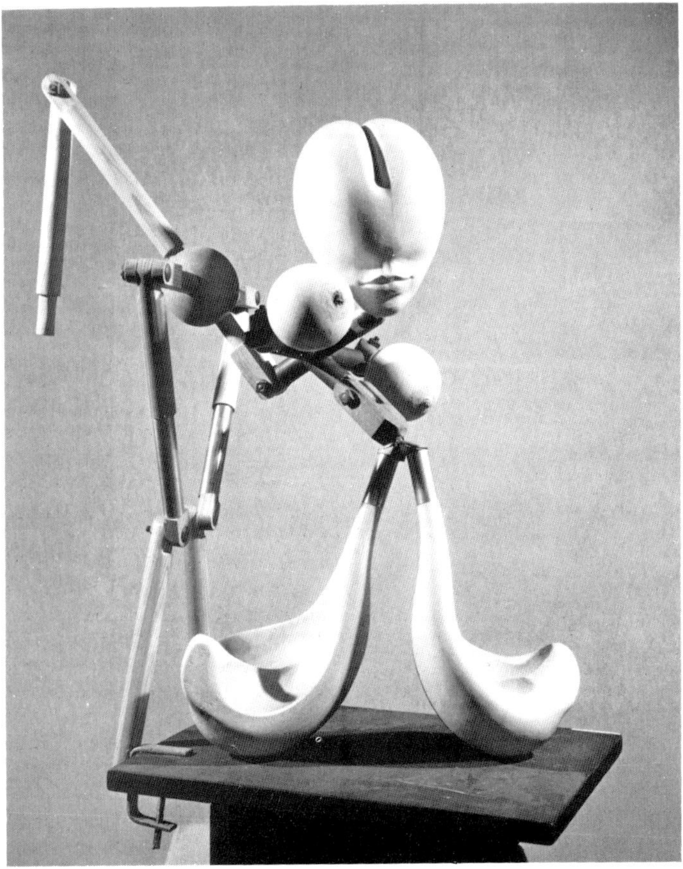

Hans Bellmer, Puppe, Maschinengewehr im Zustand der Gnade, 1937, Holz und Metall. Museum of Modern Art, New York

sehr komplexes Kostüm aus übereinanderliegenden Hüllen. Die vielen gleich wichtigen Requisiten (Medaillon, Hemd, Krücken, Platten, Maske, Schuhe, Flügel, Grabstein, Wägelchen, Rute, Rutenmantel, Hufeisen, dazu die Tätowierung) übertragen einen Aspekt des Sade'schen Denkens ins Bildnerische. Dieses Werk war dazu bestimmt, bei einer besonderen Zeremonie getragen zu werden, die am 2. Dezember 1959 bei Joyce Mansour am Vorabend der Eröffnung der Internationalen Surrealistenausstellung ›Eros‹ in der Galerie Daniel Cordier stattfand. Jean Benoit führt 1965 ein weiteres tragbares Werk aus, eine Hommage an den Gerichtsdiener Bertrand, einen berühmten Nekrophilen des 19. Jahrhunderts, außerdem eine Skulptur, die *Bulldogge Maldorors*, die er beide auf der Internationalen Surrealistenausstellung ›L'écart absolu‹ in der Galerie L'Oeil im gleichen Jahre zeigte.

Bild, poetisches Bild oder Metapher. Diese drei Ausdrücke sind in den Augen der Surrealisten gleichbedeutend. Sie halten sich auch nicht an die gelehrte Unterscheidung zwischen Vergleich und Metapher. Die Erfahrung des automatischen Schreibens ist für Breton Beweis, daß »das stärkste« surrealistische Bild »den höchsten Grad an Willkürlichkeit aufweist. . ., das in praktische Sprache zu übersetzen man am längsten Zeit brauchen würde.« Solche Bilder entstanden bereits in den besten Augenblicken der romantischen Dichter; bei Baudelaire und den Symbolisten, wie Maeterlinck und Saint-Pol-Roux, bei Rimbaud und in stärkerem Maße bei Lautréamont, dessen »Schön wie die Begegnung einer Nähmaschine mit einem Regenschirm auf einem Seziertisch« zum Prototyp des surrealistischen Bildes wird. Die Surrealisten sehen in der Metapher die Grundlage dichterischen Verhaltens und das Zeichen seiner Gültigkeit als lyrische Welterkenntnis. In diesem Sinne decken sich ihre Absichten mit denen der Esoterik und der Magie, die sich nach der »Analogie« und den »Entsprechungen« richten, denn, wie in der *Table d'Emeraude* steht, »Was oben ist, ist wie das, was unten ist, damit das Wunder eines einzigen Dinges geschehe.« Das surrealistische Bild ist also eine magische *Praxis.*

Brauner, Victor (Pietra Naemtz, Rumänien, 1903 – Paris 1966). Am 27. August 1938 wirft Dominguez im Laufe einer Diskussion ein Glas in die Richtung von Esteban Francès, und Brauner, der dazwischentritt, wird von diesem Wurfgeschoß das linke Auge ausgeschlagen. In mehreren Bildern, besonders 1931 und 1937, drängte sich dem Maler gerade das Thema des zerschlagenen oder ausgedrückten Auges beharrlich auf. Dieser Unfall zieht eine spürbare Wende in seinem Werk nach sich: überzeugt, daß er nun in der Lage ist, gewisse geheime Botschaften aufzufangen oder die Komplotte geheimnisvoller Kräfte zu vereiteln, widmet sich Brauner zunächst der Beschwörung anmutiger weiblicher Gespenster (Reihe der Schimären, 1939 – 1940) und versucht dann, ein magisches Universum zu schaffen, im Kräftefeld des ständigen Konflikts zwischen dem Maler und seinen Dämonen. Unter den mit Wachs gemalten Bildern nehmen die aus den Jahren 1945 – 1947 in prächti-

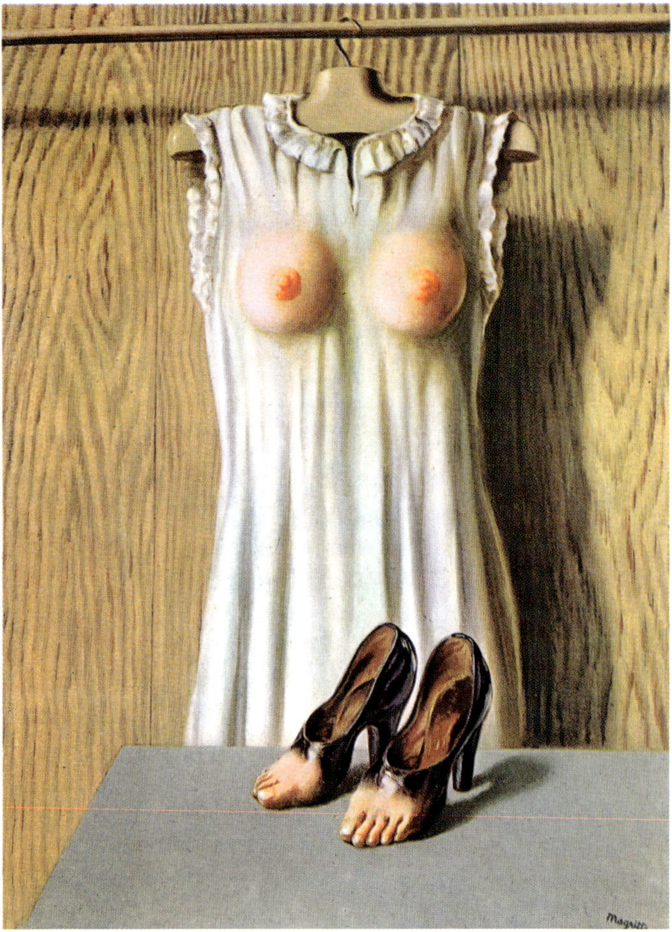

René Magritte, Die Philosophie im Boudoir, 1947. Sammlung Thomas Claburn Jones, New York

Jean Benoît, Der Nekrophile (dem Gerichtsdiener Bertrand gewidmet), 1964 – 1965, Kostüm-Objekt

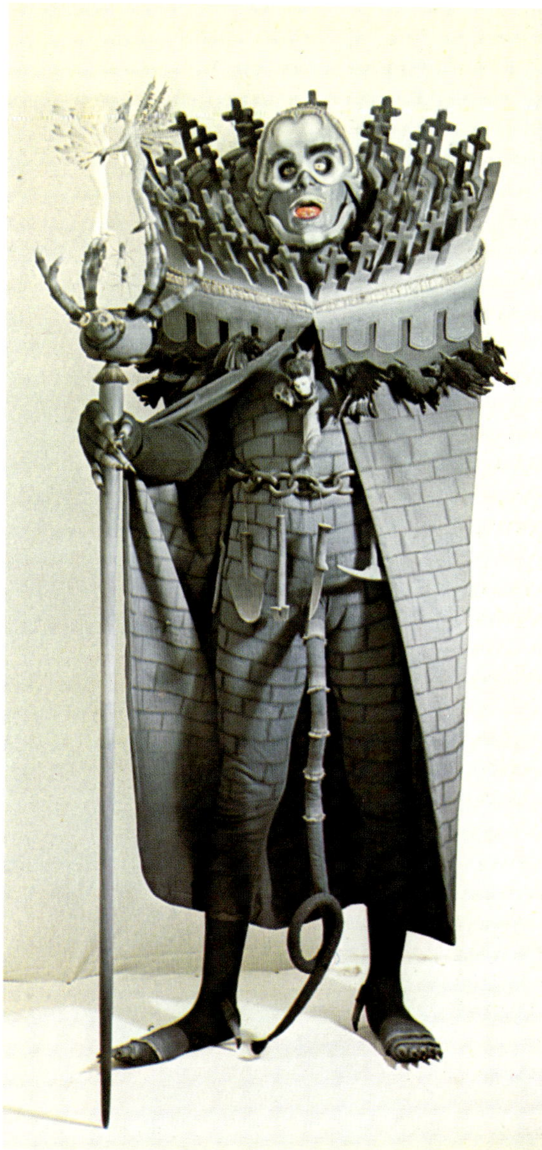

gen gefrorenen Farben das Hieratische der vorkolumbischen mexikanischen Fresken und zugleich deren gewaltsam-zuckende Tierdarstellungen wieder auf. Wenn auch mitunter eine Art innerer Aufwallung dieses genau abgezirkelte Zeremoniell sprengt, so kehrt Brauner doch wieder zu den etwas gequält manieristischen Kompositionen zurück, gelenkt von der ihm eigenen Aggressivität.

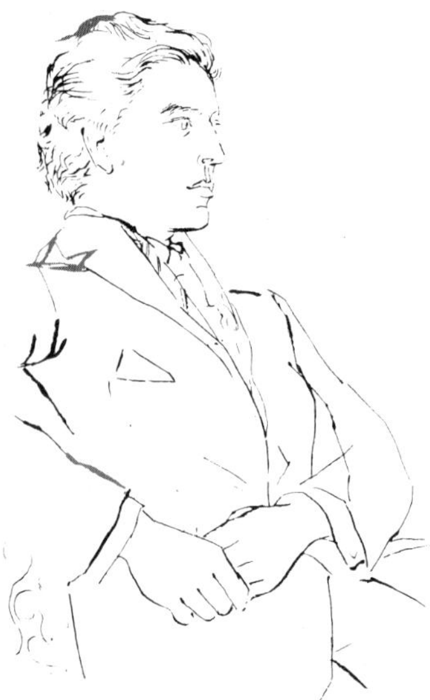

Pablo Picasso, Porträt André Breton, Tintenzeichnung

Breton, André (Tinchebray 1896 – Paris 1966). Leben und Werk Bretons sind nicht zu trennen vom Surrealismus, dessen Probleme er ohne Ausnahme zu seinen eigenen gemacht und in der Öffentlichkeit vertreten hat. Das theoretische Denken Bretons und seine praktischen Forderungen haben den Surrealismus aufnahmefähig gemacht für diverse Beiträge, die ängstlicheren Gemütern widersprüchlich erschienen wären. Deshalb konnte er zu einem antisystematischen System werden, das in ständiger Auseinandersetzung mit den Tatsachen blieb. Daraus erklärt sich die unvergleichliche Ausbreitung der Bewegung. Daß dies bei Breton ungewöhnliche Veranlagungen auf emotionalem wie intellektuellem Gebiet voraussetzt, ist selbstverständlich. Am Ursprung steht auf jeden Fall der äußerste Widerwille, den er schon als Kind gegen alle Formen der Dressur empfunden hat, die die Gesellschaft durch die Vermittlung von Familie und Schule ausübt. Ohne dieses fundamentale Aufbegehren, das sich nicht vergißt und nicht täuschen läßt, wäre Breton nicht zu verstehen. Diese Einstellung läßt ihn Ausdrucksformen bevorzugen, die der individuellen wie der kollektiven Kontrolle entgehen (Automatismus). Durch ihre Optik erscheint ihm die gesellschaftliche Revolution unerläßlich, um eine Gesellschaftsordnung des Zwangs abzuschaffen. Das Hauptinteresse gilt den explosivsten Unruheherden. Sie sind am gefährlichsten für die Konventionen, die zum Schaden der wesentlichen Bedürfnisse des Menschen die Gesellschaft ordnen: l'amour fou (siehe Stichwort) widersetzt sich den beiden spiegelbildlichen Entwertungen durch die christliche Ehe und durch die Libertinage, die Freiheit menschlicher Färbung – denn nichts, was Gültigkeit haben will, kann sich mit dem Verzicht auf sie abfinden – auch nicht zu Gunsten einer hypothetischen »besseren Zukunft«; die Dichtung ist die eigentliche, nicht vom all-

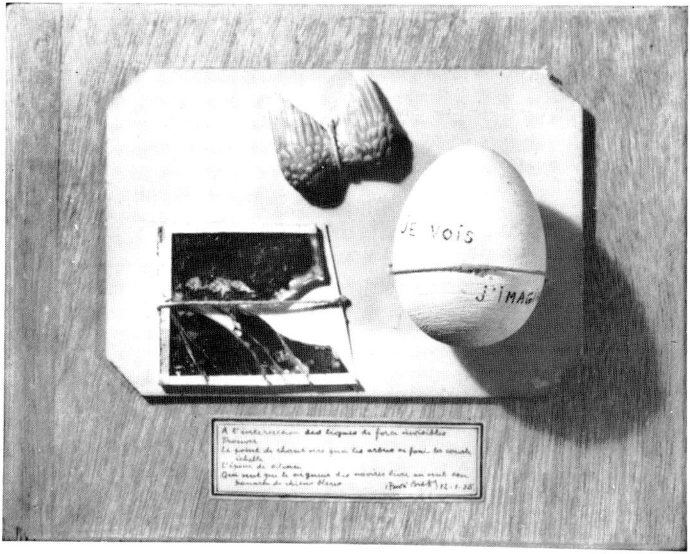

André Breton, Gedicht-Objekt. Sammlung Roland Penrose, London

täglichen Verschleiß der Worte verunstaltete Sprache, die allein die klare Verständigung zwischen den Menschen und das innige Verständnis der Welt zustandebringen kann. Die Unbeirrbarkeit, mit der Breton an diesen drei Geboten festgehalten hat, erklärt seine Haltung in allen Krisen der surrealistischen Bewegung und bei den mehr oder weniger folgenreichen Brüchen. Was so oft als unmenschliche Strenge beschrieben worden ist, erscheint dann vielmehr als ein Zeichen der fest verwurzelten Hoffnung, daß die Welt und das Leben geändert werden können. Das Zerrbild des verhaßten Tyrannen, über den sich regelmäßig einige Verschmähte beschwert haben, verdeckt einen Mann, der sich leidenschaftlich für die Menschen und ihre eigene Wahrheit begeisterte. Wäre Breton nicht dieser Mensch gewesen, wäre unverständlich, wie Breton ein halbes Jahrhundert lang unverändert Anziehungskraft auf die Jugend hat ausüben können. Neben den für das Verständnis des Surrealismus grundlegenden Werken, zum einen die *Manifeste,* zum anderen *Nadja* (1928) (dt. *Nadja,* 1960), *Les Vases communicants* (1932) *(Kommunizierende Röhren), L'Amour fou* (1937) und *Arcane 17* (1945), hat die souverän klare Dichtung einen beachtlichen Platz (*Clair de terre,* 1923 *(Erdlicht); Poisson soluble,* 1924 *(Löslicher Fisch); Le Revolver à cheveux blancs,* 1932 *(Der weißhaarige Revolver); L'air de l'eau,* 1934; *Les Etats Généraux,* 1943 *(Die Generalstände); l'Ode à Charles Fourier,* 1947; *Constellations,* 1959).

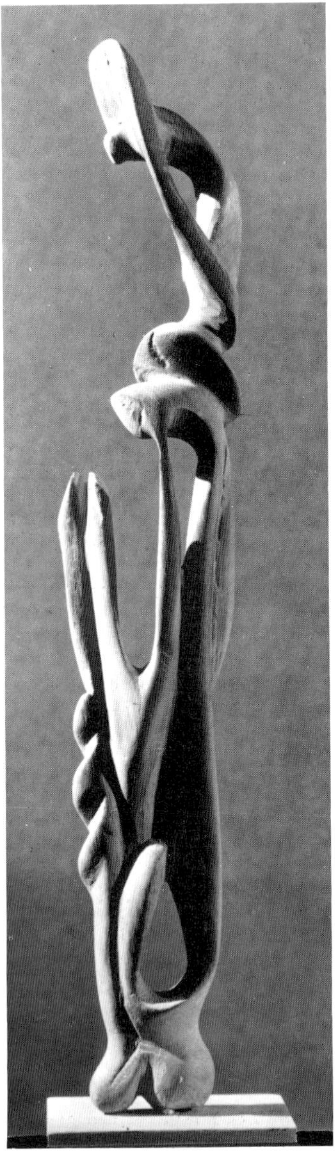

Brignoni, Serge (Chiasso, Schweiz, 1903). Mit Paalen, Giacometti, Hayter freundschaftlich verbunden, verkehrt er ab 1929 mit den Surrealisten. Sein wertvollster Beitrag besteht in dem Bemühen, die abendländische Plastik mit den lyrischen Formen der ozeanischen Skulptur – das ideale Vorbild der surrealistischen Kunst – zu durchdringen. Aus diesem Grunde verdienen seine Arbeiten in Holz aus den Jahren 1933 und 1934, zehn Jahre vor denen Stahlys, einen Sonderplatz in den Beziehungen zwischen Surrealismus und Bildhauerei, den man ihnen noch nicht zuerkannt hat.

Brunius, Jacques-B. (Paris 1906 – London 1967). »Es war einmal eine schwindlige Lerche, der war es gelungen, null Mark auf die hohe Kante zu legen.« Brunius hat auch nicht mehr aufgehäuft. Ohne sich um den nächsten Tag oder um Ruhm zu kümmern, hat er Gedichte, Filme, Collagen, Übersetzungen und bissige Studien über *Vathek* oder *Alice in Wonderland* in alle Winde verstreut.

Buñuel, Luis (Calanda, Spanien, 1900). Es wäre ein Jammer, seine jesuitische Erziehung zu verschweigen. An der Universität Madrid trifft er Dali. Mit ihm macht er 1929 seinen ersten Film, *Un Chien andalou (Ein andalusischer Hund).* Anschließend verbinden sich beide mit den Surrealisten, denen sie ein Juwel von einem Film schenken: *L'Age d'or (Das goldene Zeitalter)* (1930), der nur durch den Mäzen Vicomte de Noailles verwirk-

Serge Brignoni, Gewächs, 1937, Holz

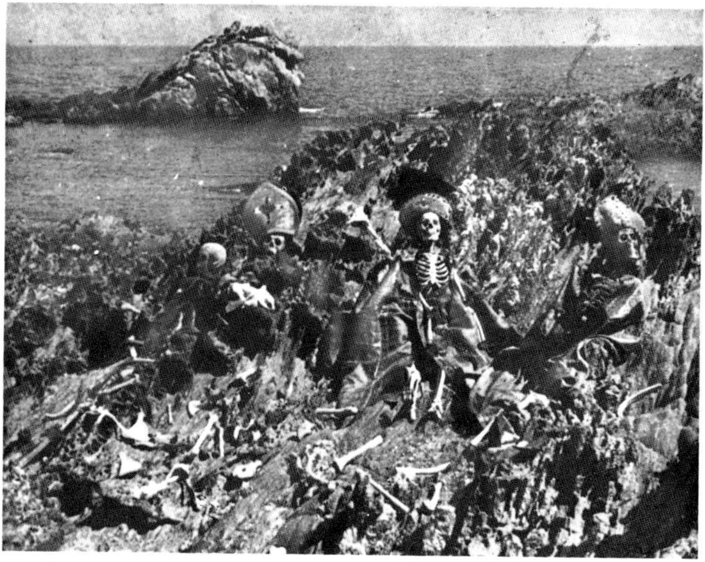

Buñuel und Dali, Gerippe von Bischöfen, Einstellung aus *L'Age d'Or,* 1930

licht werden konnte. Dann aber ist Buñuel gezwungen, sich seinen Platz an der Sonne Schritt für Schritt zu erringen, zunächst mit einer Reihe kommerzieller Filme in Mexiko. Mit *Los Olvidados* (1950) gelingt ihm die Profilierung. Nun braucht Buñuel nur noch in einem scheinbar unbeteiligten Tonfall in einem Film nach dem anderen den ständigen Druck der Begierden im Alltagsleben herauszuarbeiten und die Osmose aufzuzeigen, die zwischen Traum und Wirklichkeit verläuft. So erweist er sich in den Werken wie *El* (1953), *Nazarin* (1959), *Viridiana* (1961), *El angel exterminador (Der Würgeengel)* (1962) und *Le Charme discret de la bourgeoisie (Der diskrete Charme der Bourgeoisie)* (1972) als einer der größten Meister des Films. »Seine Verwünschungen sind reiner als die Hymnen der christlichen Kirche«, schrieb Henry Miller über *L'Age d'or.*

Cabanel, Guy (Béziers, 1926). »Der geheime Urheber die Wege des Aufwallens, im Gespräch unter den Zypressen, beim Stehlen der metallischen Freuden. Das Orchester sitzt auf dem Grunde des Brunnens.« Seit er zuerst mit *A l'animal noir (An das schwarze Tier)* (1958) hervorgetreten ist, überzeugt Cabanels Dichtung durch ihre bebende Hermetik, in der das Aufeinanderstoßen der Wörter ekstatische sinnliche Landschaften zeugt.

»Cadavre exquis« (Köstlicher Leichnam). Das berühmteste surrealistische

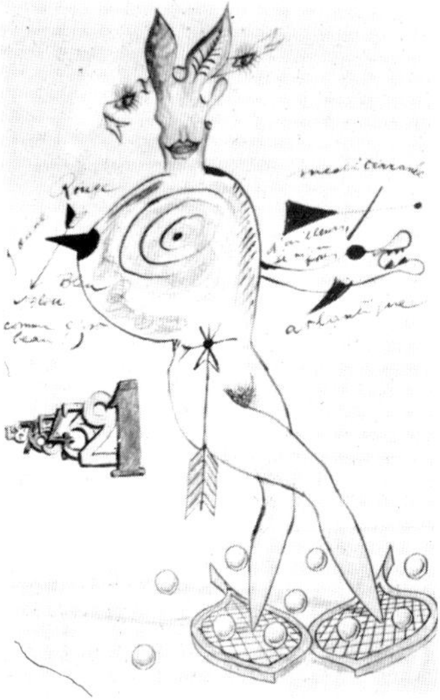

»Cadavre exquis« (s. Stichwort), 1926 – 1927, Breton, Morise, Naville, Péret, Prévert und Tanguy. Museum of Modern Art, New York

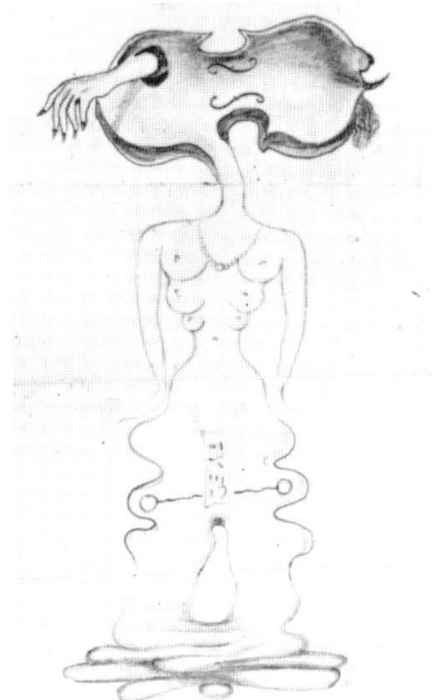

»Cadavre exquis« (s. Stichwort), 1934, Hérold, Breton, Tanguy, Brauner. Sammlung Hérold, Paris

Spiel verdankt seinen Namen dem ersten Satz, der mit seiner Hilfe geschaffen wurde: »Le cadavre – exquis – boira – le vin – nouveau« (Der köstliche Leichnam trinkt den neuen Wein) (1925). Hierzu hatten fünf Spieler nacheinander das Subjekt, das Attribut, das Verb, das Objekt und das Attribut zum Objekt geschrieben, wobei sie das Papier so falteten, daß der jeweils nächste Spieler das schon Geschriebene nicht sehen konnte. Der starke Duft des Fremdartigen und die wunderlich-lächerlichen Wirkungen, die in diesen verbalen »Collagen« zustande kamen, finden sich ebenfalls in den gezeichneten »Cadavres exquis«, an denen surrealistische Dichter und Maler oft gemeinsam arbeiteten. In den Zeichnungen kann der Beitrag eines jeden (vor allem, der Maler) noch einzeln identifizierbar sein – der Sinn des Ganzen ergibt sich erst aus der Addition (meist in Form von »Personen«). Dadurch hat der »Cadavre exquis« die kollektive Erfindung über die individuelle Erfindung und die »Signatur« gestellt.

Cafés. Die Cafés von Paris haben einen bevorzugten Platz im Leben der

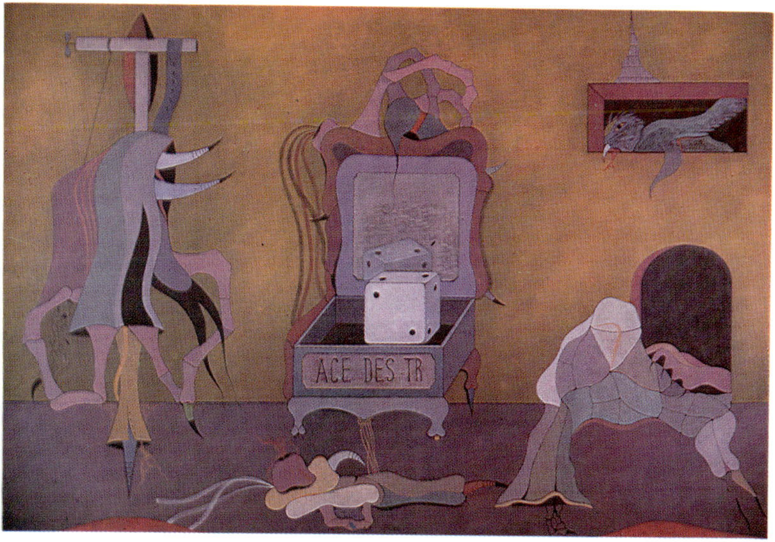

Jorge Camacho, Ace Des Tr. . . 1967. Privatsammlung, Paris

»Cadavre exquis« (s. Stichwort), um 1933, Breton, Tzara, Valentine Hugo und Knutsen. Museum of Modern Art, New York

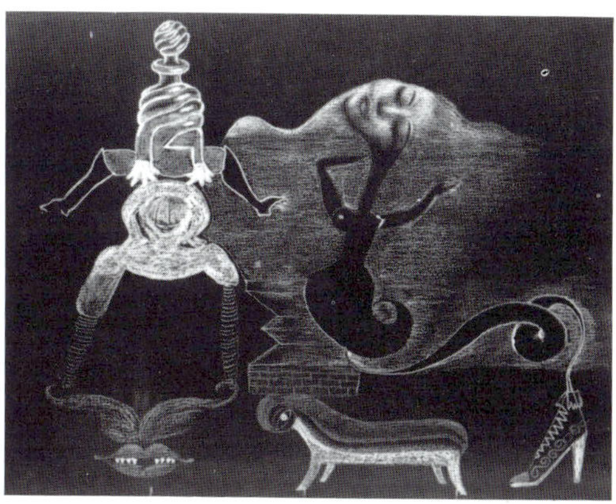

surrealistischen Bewegung eingenommen. Dies gilt seit der Zeit des *Cyrano* oder *Certà* der heroischen Epoche bis zur *Promenade de Vénus,* wohin Breton zuletzt ging. Zwischen den Kriegen trafen die Surrealisten sich dort mittags und abends; so konnten sie der ständigen Mobilisierung entsprechen, die der Surrealismus von ihnen forderte. Die surrealistischen Cafés gleichen in nichts den Literatencafés: zwar werden Nachrichten und Ansichten ausgetauscht, zwar widmet man sich den surrealistischen Spielen und verliest Texte, zwar stellen sich Neuankömmlinge vor, und Streitereien brechen aus, aber unbedingt muß das Café ein echtes Café sein, mit seinem Kommen und Gehen, seinen Stammkunden, seinen Liebespaaren und seinen Belote-Spielern. Selbstverständlich schätzt man die Getränke im Allgemeinen und die alkoholischen im Besonderen. Ebenfalls zählt, auf welche Weise das Café mit dem Stadtviertel verwachsen ist, für gewöhnlich suchten die Surrealisten Orte aus, die sie besonders inspirierten.

Caillois, Roger (Reims 1913). Zwei Menschen stecken in Caillois: der eine vermutet beunruhigende Anomalien im Universum natürlicher Formen und menschlicher Gepflogenheiten; der andere bedient sich mit kunstvollem Geschick rationalistischen Flitterwerks, um die von derartigen Hypothesen erregte Besorgnis zu verdekken. Der erste schließt sich von 1932 bis 1939 den Surrealisten an und fördert in der Bewegung das wachsende Interesse für die Mythen. Der andere wurde 1972 in die Académie Française aufgenommen.

Calder, Alexander (Philadelphia, 1898 – New York 1976). Vielleicht hat der Gedanke des »symbolischen Funktionierens« in den »surrealistischen Gegenständen mit symbolischer Funktion« (1931) Calder 1932 auf sein erstes Mobile gebracht. Kein Zweifel besteht darüber, daß diese Mobiles – oder wenigstens die schönsten von ihnen – Gemälde von Arp und Miró sind, denen plötzlich Flügel gewachsen sind. Trotzdem sind sie von Calder, und er, den Prévert den »Menschenfresser mit den Feenfingern« genannt hat, bevölkerte den Zauberwald des Surrealismus mit diesen Eisenvögeln, die sich nie niedersetzen und in bunten Farben singen.

Camacho, Jorge (Havanna, 1934). Liebevoll schildert Camacho bis 1966 schmutzige Gemetzel in zweideutigem Halbschatten, oder aber er berichtet uns die Nöte blutrünstiger Tyrannen und eiternder Asketen und stellt so das klinische Bild vom Schrekken des Lebens auf. Auf diese Schindermalerei folgen ab 1967 Rebusse, in denen die Grausamkeit zu einer Art Schaustellung gerinnt, als wolle sie darauf verzichten, zu sein, um desto besser vortragen zu können, was sie gewesen ist. Alles geschieht nun im Schein der Morgenröte.

Cárdenas, Agustin (Matanzas, Kuba, 1927). Mit Hilfe der Zeichnung, eines halb-automatischen Zeichnens, befreit sich Cárdenas um 1951 von der »äußeren Vorlage«, so wie er auch in dem Bemühen um eine räumliche Ausführung seiner Zeichnungen den akademischen Naturalismus überwindet. Als er seine heimatliche Insel gegen Paris vertauscht, wo

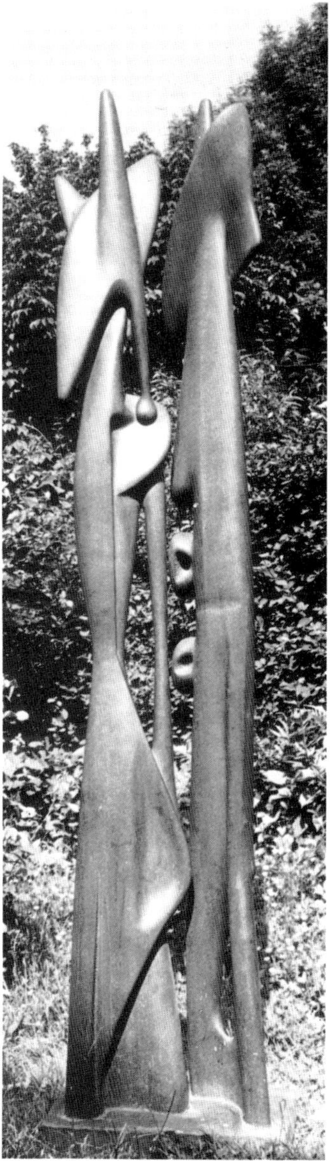

sich sein Werk vollenden soll, ist er schon imstande, in der Skulptur den Raum zu finden, wo sich die intimsten Wünsche und die tiefsten Sehnsüchte entfalten (1955). Das wissen die Surrealisten, als sie ihn 1956 aufnehmen und zu allen ihren Gemeinschaftsausstellungen einladen. Bei ihm fließen die ferne afrikanische Tradition (Cárdenas ist ein Schwarzer von den Antillen) und die von Brancusi und Arp eingeleitete lyrische Revolution zusammen. Das Werk von Cárdenas ist sehr harmonisch und zugleich eines der am meisten mit Spannung geladenen in der Plastik des XX. Jahrhunderts.

Carrington, Leonora (London 1917). »Ich sah sie mit der Hand über dem Geländer winken, und während sie winkte, lösten sich die Finger und fielen wie Sternschnuppen zu Boden.« Seit ihren ersten Erzählungen *(Die ovale Dame,* 1939) und Bildern hat sich Leonora Carrington als Schloßherrin in einem Reich erwiesen, wo die Spukgeister auf Holzpferden reiten, die Ziegen das alchemistische Ei ausbrüten, die Hyänen zum Ball gehen und die weißen Kaninchen Menschenfleisch abgrasen. Dieses Reich hat sich nacheinander wie durch Zauberei von London nach Saint-Martin d'Ardèche (wo der Schloßherr Max Ernst hieß), von dort in eine Klinik in Santander, denn nach New York, und endlich nach Mexiko verpflanzt.

Césaire, Aimé (Basse-Pointe, Martinique, 1913). »Wir berufen uns auf die

Agustin Cárdenas, Paar von den Antillen, 1957, Mahagony

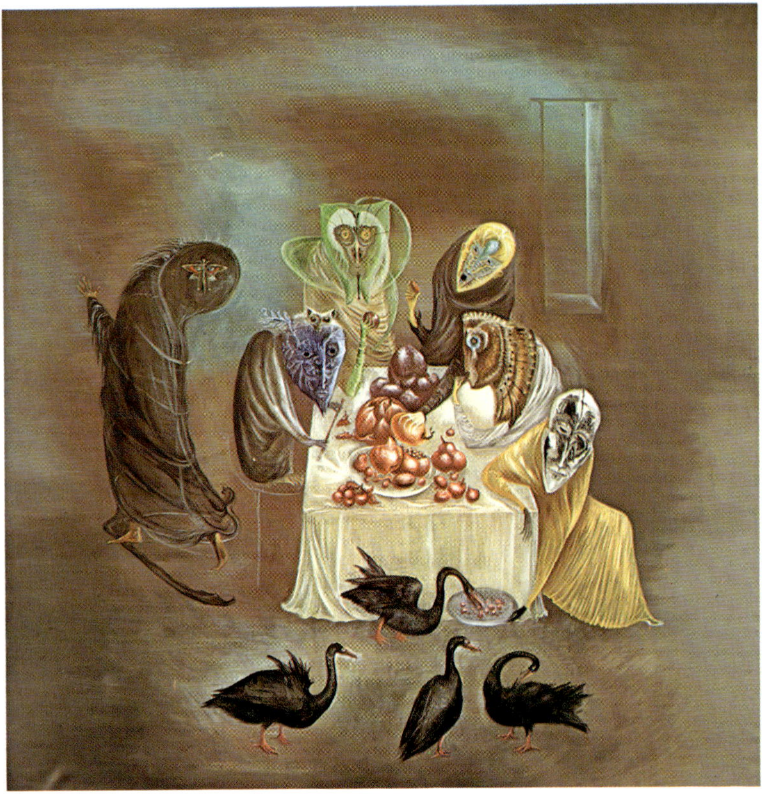

Leonora Carrington, Lepidoptherus, 1969. Galeria de Arte Mexicano, Mexiko

Dementia praecox des flammenden Wahns des unverbesserlichen Kannibalismus.« Breton begegnet ihm 1941 in Martinique, als Césaire schon sein bewundernswertes *Cahier d'un retour au pays natal* (dt. Zurück ins Land der Geburt 1962) veröffentlicht hat. Césaire nimmt nun an den surrealistischen Ereignissen teil, und als er 1945 zum kommunistischen Deputierten von Martinique gewählt wird, geben Breton und seine Freunde in New York ein Fest zu seinen Ehren. Der Sturzbach seiner Dichtung mit ihren blendenden Bildern bewahrt Césaire, dem es vor allem um die Emanzipation der Schwarzen auf Martinique geht, davor, intellektuell von der Französischen Kommunistischen Partei niedergewalzt zu werden; 1956 nimmt er seinen Abschied von ihr. Inzwischen ist er durch seine Dichtung wie durch seinen *Discours sur le colonialisme* (1951) zu einem der Herolde der afrikanischen Unabhängigkeit geworden, was ihn zu einem neuen, mehr lehrhaften Bühnenwerk angeregt hat *(Une saison au Congo,* 1966; dt. *Im Kongo,* 1966).

Champs magnétiques (les) (Die Magnetfelder). Als ihn ein im Halbschlaf gesprochener Satz davon überzeugte, daß Sprechen und Schreiben sich dem rationalen Zwang entziehen können (worin ihn auch die Psychoanalyse bestärkt), schreibt Breton 1919 mit Soupault in acht Tagen das erste surrealistische Buch, dessen Titel *(Champs magnétiques)* zugleich an die *Chants de Maldoror* wie an die Eigenschaft der gegenseitigen Anziehung erinnert, die den Wörtern beim automatischen Schreiben zukommt. Die beiden Verfasser erproben hier die verschiedenen möglichen »Gangarten« des Automatismus und die Möglichkeit, ihn auf Probleme, die einen beschäftigen, anzuwenden (auf Kindheitserinnerungen, zum Beispiel in Bretons *Saisons).*

Char, René (L'Isle-sur-Sorgue, 1907). »In den Gondeln des Amboß – Lebt der einsame Dichter – Große Schubkarre der Sümpfe.« Unter dem durchsichtigen Titel *Le Marteau sans maître (Der Hammer ohne Herr)* stellt Char 1934 seine ersten surrealistischen Gedichte zusammen. Bald darauf nimmt der Meister seinen Hammer wieder in die Hand und schreibt sich, wie es zu erwarten stand, die Verdienste seines Werkzeuges zu *(Fureur et Mystère,* 1948).

Chicago. Die typischste Strömung im künstlerischen Leben Chicagos ist traumorientiert, außerdem oft erotisch oder humoristisch bis zur phantastischen Satire. George Cohen, Leon Golub, Irving Petlin und Seymour Rosofsky sind die repräsentativsten Maler dieser Strömung. Scheinbar von dem kalifornischen Maler Peter Saul abstammend, aber gleichfalls durch die ›Comix‹ von Crumb oder Shelton oder durch das Beispiel der Art brut geprägt, entwickeln Jim Nutt, Gladys Nilsson, Ed Paschke, Kerig Pope, Barbara Rossi, Christina Ramberg und Karl Wirsum seit kurzem eine eigenartige und farbenkräftige Bildwelt. Roger Brown ist ein »Naiver« mit Chirico-Akzent, Jordan Davies ein abstrakter »Automatist«. H.C. Westermanns Skulpturen haben die Dimension des Traums wie die von Giacometti aus den Jahren von 1929 bis 1935. Franklin und Penelope Rose-

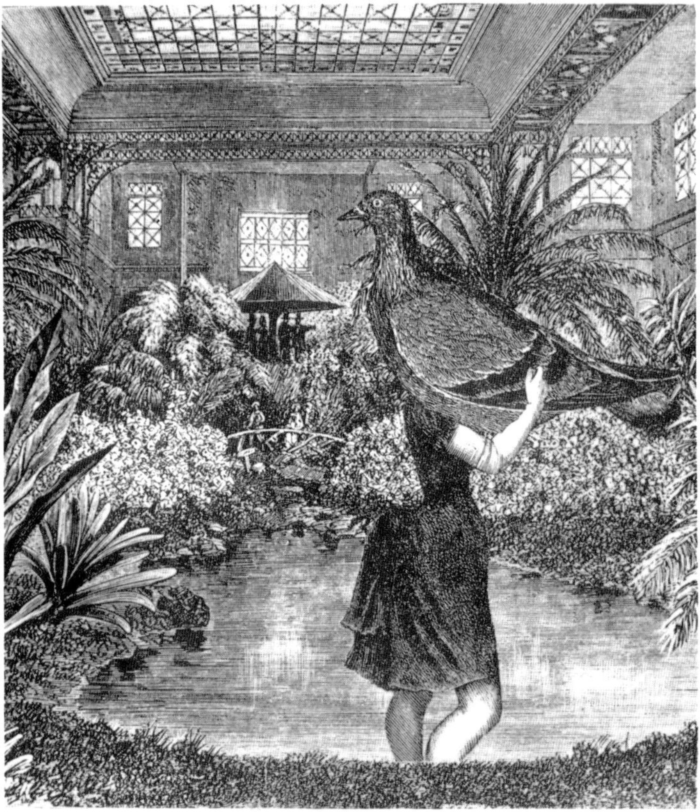

Max Ernst, Loplop und die Schöne Gärtnerin, 1929, Collage für *La Femme 100 têtes*

mont organisieren seit 1960 eine surrealistische Aktivität in Chicago.

Chile. Braulio Arenas (geb. 1913), Jorge Cáceres (1923–1949) und Enrique Gómez Correa sind die wichtigsten Organisatoren der chilenischen surrealistischen Aktivitäten, deren Etappen markiert werden durch die Gründung der Zeitschrift *Mandragora (Alraun)* (1938), eine surrealistische Ausstellung (1941), die Gründung der Zeitschrift *Leitmotiv* (1942) und eine Internationale Surrealistenausstellung (1948). Aber der hervorragendste chilenische Surrealist, Matta, hat nicht daran teilgenommen.

Collage. Die surrealistische Collage, wie sie Max Ernst seit 1919 erprobt hat, geht auf zwei verschiedenen Wegen vor: entweder läßt eine Gravur (zum Beispiel einer Maschine) den Künstler an eine Ergänzung denken, die er dann mit der Feder oder dem Pinsel hinzusetzt; oder aber das endgültige Bild entsteht durch die Vereinigung mehrerer, aus verschiedenen Gravuren ausgeschnittener Partien. Im einen wie im anderen Fall zwingt der Wunsch des Künstlers seine Erfindung einem oder mehreren vorher schon bestehenden Bildern und deren Bildzusammenhängen auf. Die Collage kann unter dem weiteren Aspekt eines dichterischen und sogar philosophischen Verfahrens betrachtet werden: das Bekannte zur Entdeckung des Unbekannten benutzen. Die Übernahme vorhandener Elemente (Gravuren, Photographien, auch akademische »Wälzer« erlaubt es, die Collage als Weiterführung der geklebten Papiere der Kubisten und der Ready-Mades von Duchamp zu sehen, zugleich aber in die Tradition der »Wortcollagen« einzureihen, wie sie besonders Lautréamont verwendet hat (Einschiebung von Beschreibungen aus Enzyklopädien in den Gang der Erzählung). Außerdem hat Ernst darauf hingewiesen, daß er die Collage erfunden hat, als er Reproduktionen nach Chirico gesehen hatte: man kann diese also als eine Methode definieren, die darauf abzielt, die Abwesenheit oder das Ungenügen der *Visionen* bei dem Künstler zu überbrücken. Dem Collageprinzip kommt ein erstrangiger Platz in der Gegenwartskunst zu, sowohl in der Malerei wie in der Plastik.

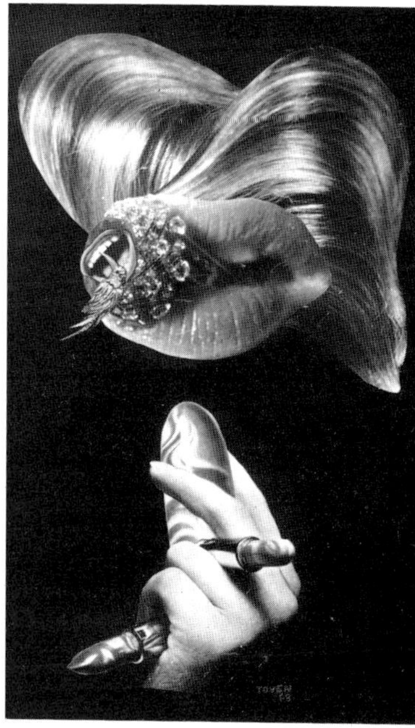

Toyen, In der lauen Nacht, 1968, Collage. Privatsammlung

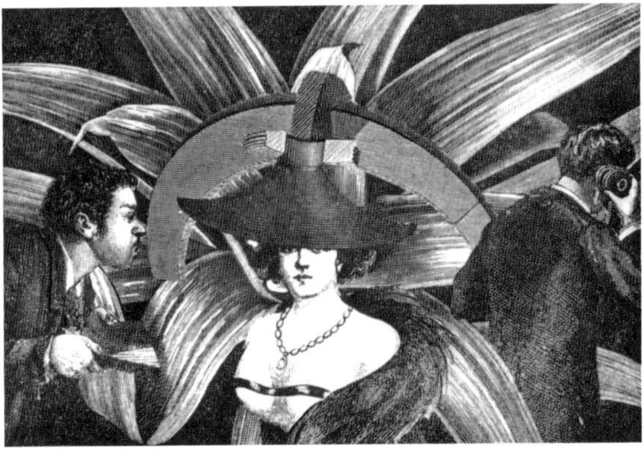

Max Ernst, Die Säfte steigen, 1929, Collage für *La Femme 100 têtes*

Max Ernst, Die unbefleckte Empfängnis, 1929, Collage für *La Femme 100 têtes.* Privatsammlung, Paris

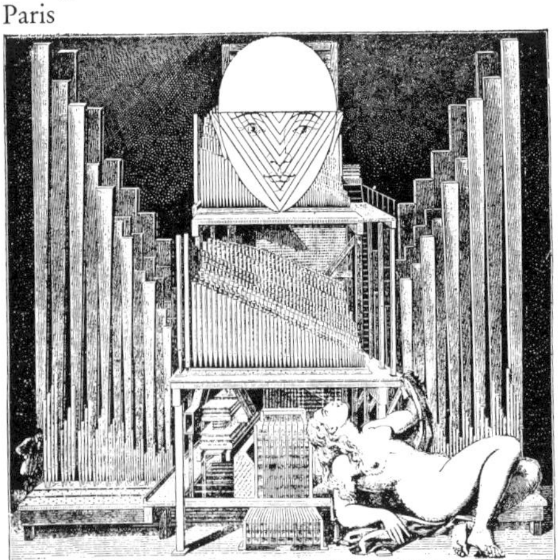

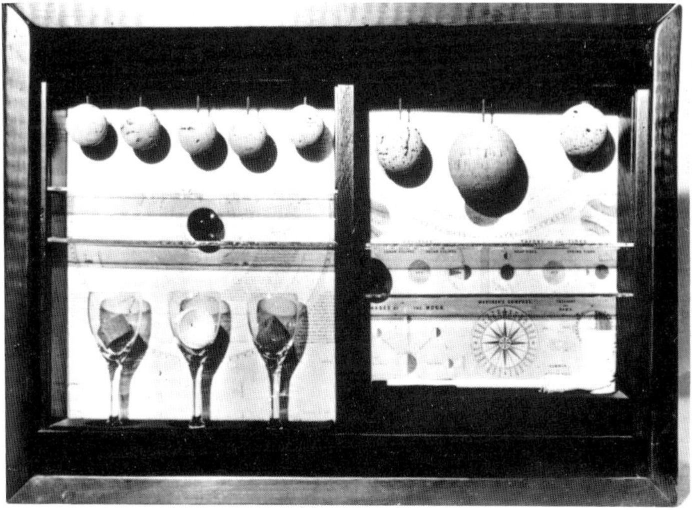

Joseph Cornell, Necessaire für Seifenblasen, 1948. Sammlung William N. Copley, USA

Cornell, Joseph (New York 1903). Cornell ist der erste amerikanische Künstler der merkt, daß der Surrealismus ihn etwas angeht: schon 1930 führt ihn die Entdeckung der *Femme 100 têtes (Die hundertkopflose Frau)* von Max Ernst zu eigenen Collagen. 1936 stellt er wohl seinen ersten Kasten aus, und dann nehmen alle seine Arbeiten diese Gestalt an: ein im allgemeinen verglaster Kasten, auf dessen Boden Gegenstände oder eine Collage angebracht sind. Es gelingt Cornell, mit den bescheidensten, unscheinbarsten Bestandteilen (Korkkugeln, Ringe, Gläser, Fläschchen, Metallröhren, Hoteletiketten, Bruchstücken einer Gravur) einen Eindruck von angreifender Melancholie hervorzurufen, die wahrscheinlich aus wirklichen oder unwirklichen Kindheitserinnerungen kommt.

Crevel, René (Paris 1900 – Paris 1935). »Schauen Sie, kommen Sie, von der Brücke des Todes das Fest zu schauen, das alle seine Lichter anzündet.« Nachdem er bis zur Erschöpfung für Breton um Redezeit gekämpft hat, damit er auf dem »Schriftstellerkongreß zur Verteidigung der Kultur« das Wort ergreifen konnte, tötet Crevel sich mit Gas. An seinen Jackettaufschlag hat er das Wort »angeekelt« gesteckt. In der Tat waren alle seine Bemühungen darauf gerichtet, die Verbindung zwischen Surrealisten und Kommunisten trotz Aragons Abtrünnigkeit aufrecht zu erhalten. Von absoluter intellektueller Integrität, erwies Crevel sich als tüchtiger, oft geißelnder Pamphletist (*Der Geist gegen die Vernunft,* 1928; *Diderots Cem-*

balo, 1932). In seinen Romanen verschmilzt das Beben der modernen Städte mit inneren Selbstzerfleischungen (*Babylone,* 1927; *Etes-vous fou? (Sind Sie verrückt?),* 1929). Aber sind es überhaupt Romane? Wie Claude Courtot schreibt, ist »das ganze Werk Crevels eine ständige Anklage gegen die literarische Lüge«.

Dänemark. Die surrealistische Aktivität in Dänemark reicht von der »kubistisch-surrealistischen« Ausstellung 1935 bis zur surrealistischen Ausstellung 1940, und die Zeitschrift *Konkretion* bildet die Brücke zwischen diesen beiden Ereignissen. Im Bildnerischen stützt sie sich hauptsächlich auf die Maler Vilhelm Bjerke-Petersen, Harry Carlsson, Wilhelm Freddie, Rita Kernn-Larsen, Elsa Thoresen und den Bildhauer Henry Heerup. Bjerke-Petersen (1909–1957), der Organisator der Bewegung, ist als Maler empfänglicher für die Ideen als für die Formen. Die Höhepunkte seines Werkes zeigen eine Phantasie, die manchmal von Magritte beeinflußt erscheint. Freddie (geb. 1909) wiederum steht Dali näher, und die aggressive Erotik seiner Gemälde und Objekte trägt ihm zahlreiche Händel mit der Polizei in einem Dänemark ein, das noch nicht zu den Vorzügen der Pornographie bekehrt war.

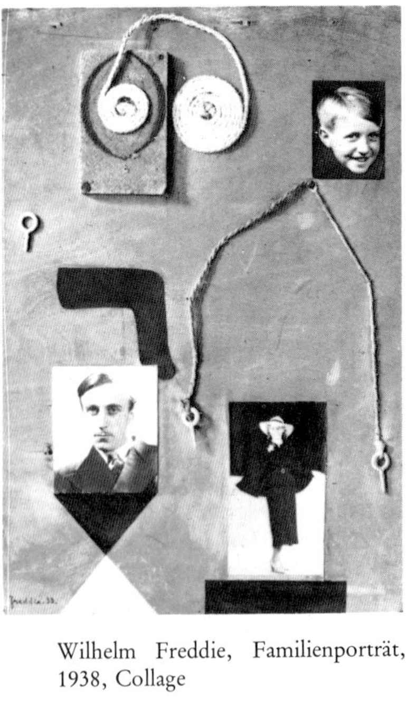

Wilhelm Freddie, Familienporträt, 1938, Collage

Dali, Salvador (Figuéras, Spanien, 1904). »Wenn ich den bestirnten Himmel betrachte, finde ich ihn klein. Entweder wachse ich, oder das Universum schrumpft. Wenn nicht beides zugleich passiert.« Dalis Interesse am Surrealismus zwischen 1929 und 1938 wirkte gerade zu dem Zeitpunkt elektrisierend, als die Bewegung sich einerseits politisch engagiert hatte, andererseits sich bemühte, ihre Eigenart im Kern zu behaupten. Die völlige Gleichgültigkeit Dalis gegenüber gesellschaftlichen Fragen hat nach 1934 das Feld ganz dem Ausdruck reaktionärer Sehnsüchte überlassen, die immer krasser ins Auge springen (Lob der Monarchie, der Rasse, der Kirche, des akademischen »Könnens«, usw.). Aber sein Beispiel hat ohne Zweifel geholfen, die revolutionären Kräfte zu unterstützen, die das Innere erforschen wollten, und die individuelle Begierde als Antrieb der moralischen Subversion zu bestätigen. Seinerseits

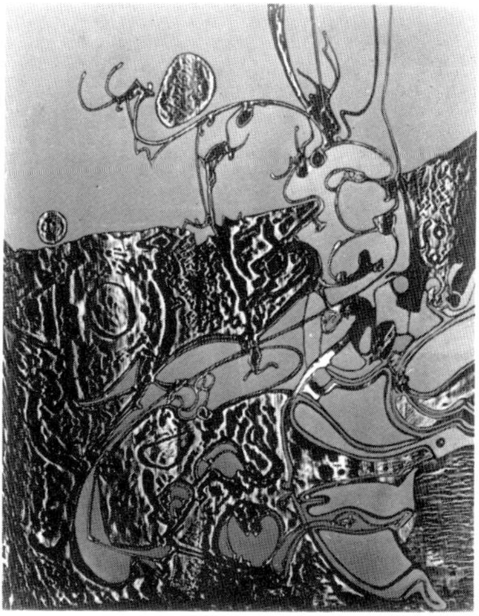

Adrien Dax, Die Begegnung, 1969. Sammlung des Künstlers, Toulouse

Salvador Dali, Venus von Milo mit Schubladen, 1936, Bemalte Bronze. Galerie du Dragon, Paris

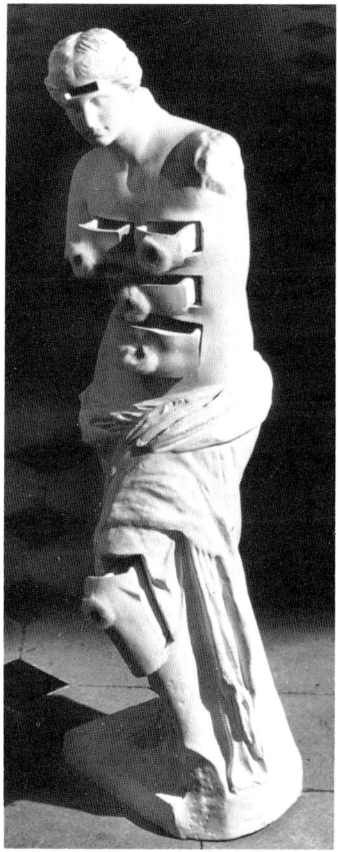

hat Dali es verstanden, im Surrealismus alles zu finden, was sein spezifisches Talent steigern und sogar in pricklige Einzigartigkeit verwandeln konnte, was meistens bloße Verschrobenheit war. Hierbei spielt eine perfekte Kenntnis der Psychoanalyse mit, die ihm mehr dazu dient, die Verschrobenheit zu kultivieren als sie zu heilen. Dennoch sollte sein galoppierender Größenwahn, der durch Galas Hingabe vielleicht noch zynischer wurde, ihn zugleich in ein immer tieferes Schuldgefühl treiben. So erklärt sich das von Tag zu Tag ungestümere Bestreben, an eben jene moralische und soziale Ordnung wieder anzuknüpfen, die in den spontanen Kundgebungen Dalis stets eher ins Lächerliche gezogen wird. Ein subtiles und im Grunde pathetisches Spiel verbirgt sich hinter den wiederholten Prahlereien des Clowns der Hohen Schule,

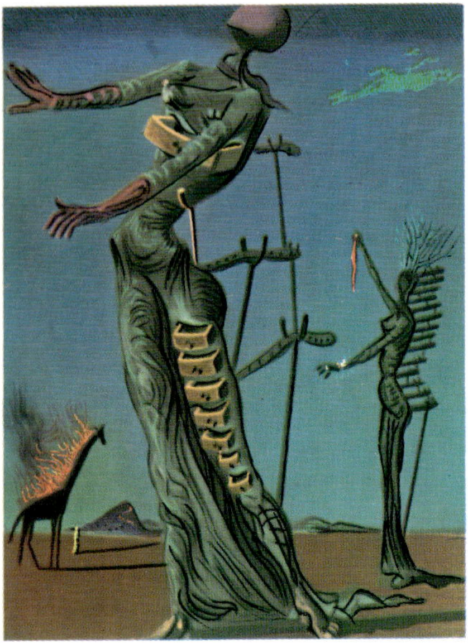

Salvador Dali,
Die brennende Giraffe, 1936.
Kunstmuseum, Basel

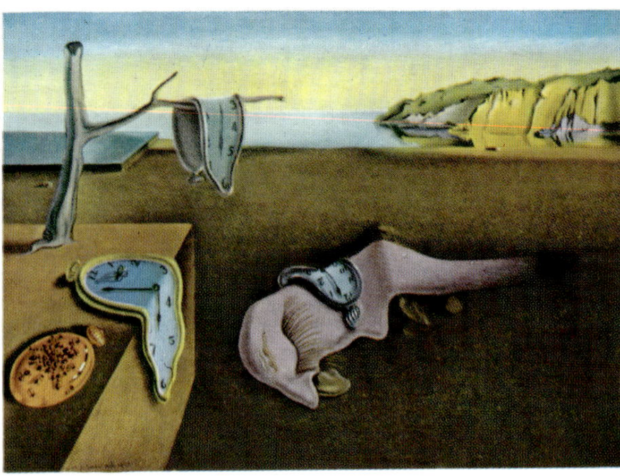

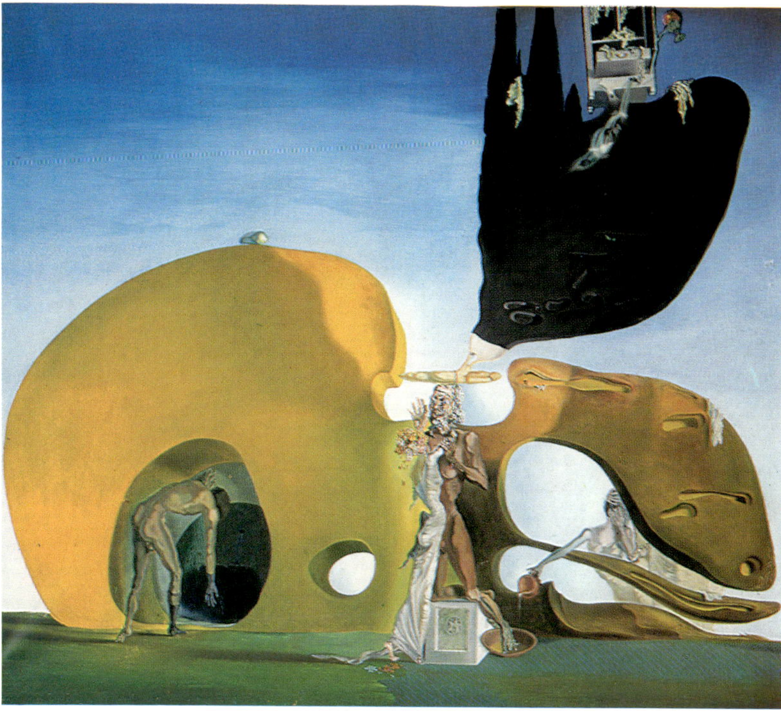

Salvador Dali, Die Entstehung der flüssigen Wünsche, 1932.
Stiftung Peggy Guggenheim

Salvador Dali, Die Beharrlichkeit der Erinnerung, 1931. Museum of Modern Art, New York

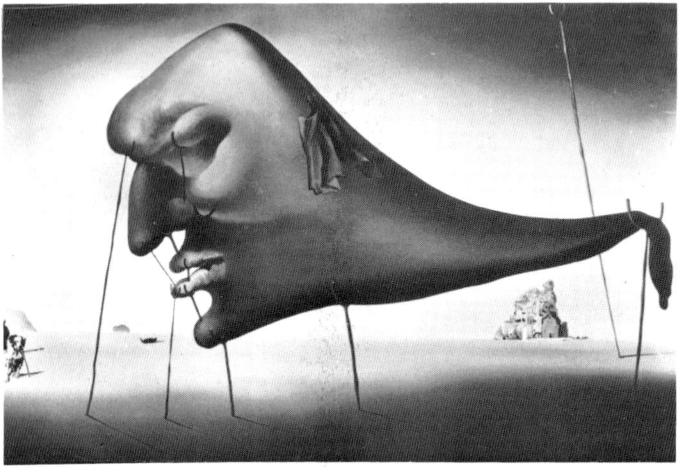

Salvador Dali, Der Schlaf, 1937. Sammlung Edward James, England

zu dem Dali geworden ist. Vielleicht versucht der Erfinder der »Kritisch-paranoiden Methode« auf diese Weise zu vergessen, daß er ganz und gar nicht der große Maler ist, als den er sich geträumt hatte: seine glänzendsten Beiträge zur Malerei verdankt er nämlich im Allgemeinen einem pedantischen Verfahren ohne jede Größe, und nicht etwa dem feurigen Schwung des schöpferischen Genies. Das ist das ständige Drama Dalis.

Dax, Adrien (Toulouse 1913). Dax war fasziniert von den Frottagen, die Max Ernst zu Bretons Château étoilé (Minotaure Nr. 8) gemacht hatte. Er bewunderte diese neue Zeichentechnik. Sie scheint der Auslöser gewesen zu sein für Dax lange Auseinandersetzung mit dem »Automatismus«, wobei er hauptsächlich an sein eigenes Vergnügen dachte. Aber erst im Sprudeln und in den Spitzenmustern einer arabesken Zeichnung, wo Blasen wie Knospen aufplatzen und Frucht tragen, findet er um 1960 das getreue Instrument seines Rausches.

Décalcomanie Abziehbild ohne vorgefaßten Gegenstand, auch *Abziehbild des Wunsches* genannt. »Streichen Sie mit einem breiten Pinsel Deckfarbe an manchen Stellen mehr oder weniger dünn auf ein glattes weißes Papier, bedecken Sie dieses gleich mit eben so einem Blatt und üben Sie mit dem Handrücken einen mittleren Druck darauf aus. Heben Sie langsam dieses zweite Blatt vom oberen Rand her so ab, wie ein Abziehbild, um es dann so oft wieder anzupressen und abzuheben, bis es annähernd trocken ist. Was Sie vor sich haben, ist vielleicht nur die alte paranoide Mauer Leonardos, aber *zur Vollkommenheit gebracht*. Es mag Ihnen zum Beispiel

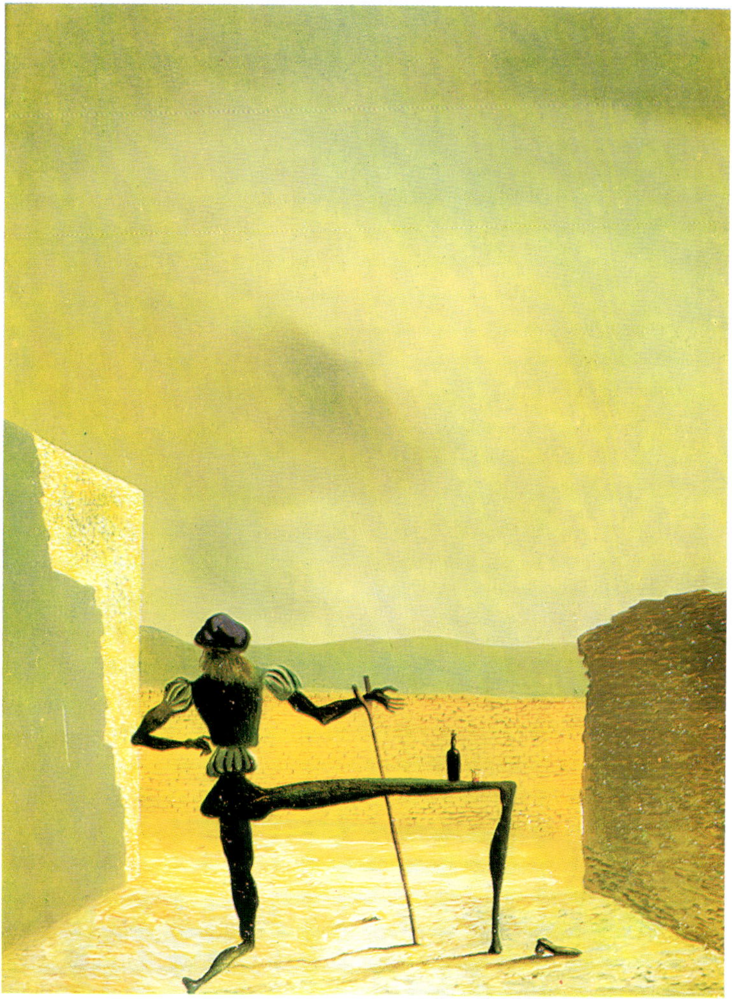

Salvador Dali, Vermeers Gespenst als Tisch nutzbar gemacht, 1934. Sammlung A. Reynolds Morse, Cleveland, Ohio

genügen, dem gewonnenen Bild einen Titel danach zu geben, was Sie mit etwas Abstand darin entdecken, und Sie können sicher sein, sich auf die persönlichste und gültigste Weise ausgedrückt zu haben« (A. Breton). Dieses 1936 von Dominguez vorgeschlagene Verfahren wird bald darauf von Max Ernst auf die Ölmalerei angewandt.

De Chirico, Giorgio (geb. 1888 Volo – Rom 1978). »Ein wahres Kunstwerk wird immer die verborgenen Urgründe der Mentalität des Künstlers beinhalten: da ist es vorbei mit dem murmelnden Bach und Vogelgesang, dahin dringt kein Blätterrauschen vor.« Der Fall De Chirico ist zweifellos neben Duchamp das größte Rätsel in der modernen Kunst. Nach einer Reihe unvergleichlicher Werke aus den Jahren 1910 bis 1919 benutzt er die Technik der großen venezianischen Barockmaler, ein Versuch, mit dem er trotz des Scheiterns hartnäckig experimentiert, sogar um den Preis der Verleugnung der eigenen früheren Arbeiten. Man hat diese Art von Rückorientierung mit der Psychoanalyse erklären wollen – aber auch wenn man eine starke Fixierung auf die Mutter und ein Schuldgefühl gegenüber dem (1905 gestorbenen) Vater zugrunde legt, erklärt das nicht viel. Andere glaubten mehr an eine ästhetische Begründung: De Chirico habe mit seinem Stil gebrochen, weil seine Kunst schon akzeptiert, sogar von Carrà (1916) plagiiert und von den Surrealisten (1920) gefeiert wurde. Diese Hypothese wirkt ebenfalls nicht sehr überzeugend: Wie soll man glauben, daß ein Künstler aus freien Stücken auf den Ausdruck seines Genies verzichtet hätte? Eigentlich ist alles eher so ver-

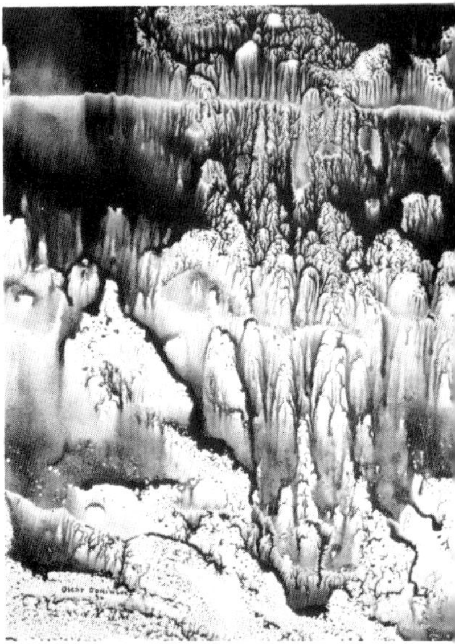

Oscar Dominguez, Décalcomanie (s. Stichwort), 1937. Museum of Modern Art, New York

laufen, als ob De Chirico nach mehreren Jahren einer Art Wahnsinn (er betont ja auch damals in seinen Schriften, wie zwanghaft und unerklärlich seine Visionen waren) eines Morgens geheilt aufgewacht und plötzlich wieder zu einem normalen Künstler geworden wäre. Diese radikale Wandlung wäre dann ganz ohne seine Absicht geschehen. Vorher hätte De Chirico also unter dem Druck seiner inneren Konflikte gemalt, gerade wie das Medium unter der Suggestion von »Geistern« schreibt, malt, spricht oder handelt. Er war damals auch überzeugt, unablässig »Geistern« und Phantomen zu begegnen, was diese Aufspaltung der Persönlichkeit bestätigt, die sich bei

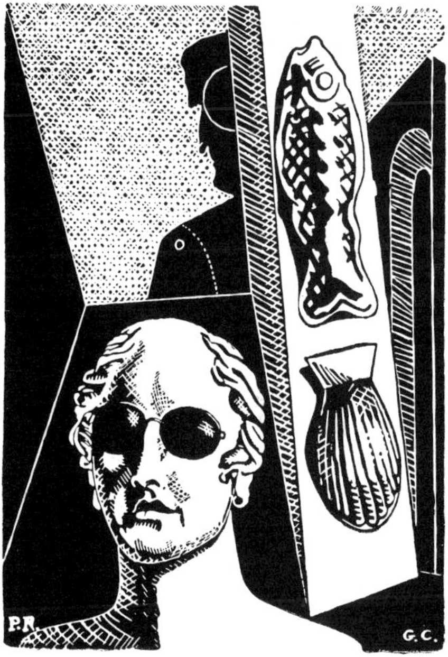

Pierre Roy, Vorahnungsvolles Porträt Apollinaires, 1914, Holzschnitt nach Giorgio de Chirico

den Medien wie bei den Schizophrenen findet. Wenn seine bewußte Persönlichkeit (der Maler) auf Geheiß der unbewußten Persönlichkeit (des »Geistes«) künstlerisch tätig ist, dann erscheint De Chirico als das vollkommene Vorbild des surrealistischen Künstlers, ja überhaupt des Surrealismus: bestrebt, seine beiden Hälften, die des Tages und die der Nacht, miteinander auszusöhnen. Sein Werk entspringt also einer bestimmten Form des Automatismus, der sich bei ihm zwar nicht in Bilder-Schreiben äußert, sondern als Eingebung von Traumbildern. De Chirico malt seine Träume, anscheinend im Schlaf. 1913 schrieb er: »Ein unsterbliches Kunstwerk muß die menschlichen Grenzen total überschreiten – der gesunde Menschenverstand und die Logik sind dabei fehl am Platz. Auf diese Weise wird es dem Traum und der kindlichen Mentalität nahekommen.« 1929 veröffentlicht De Chirico auf Französisch eine bewundernswerte Erzählung, *Hebdomeros,* worin er wie ein Schlafwandler das Bildreich seiner genialen Periode von den Stätten Italiens (1910 – 1914) bis zu den »metaphysischen Interieurs« (1915 – 1918) durchstreift.

Deharme, Lisa. »Ach Du blaues Seidentuch, wo das rote Eichhörnchen seine Haselnuß knabberte und seine

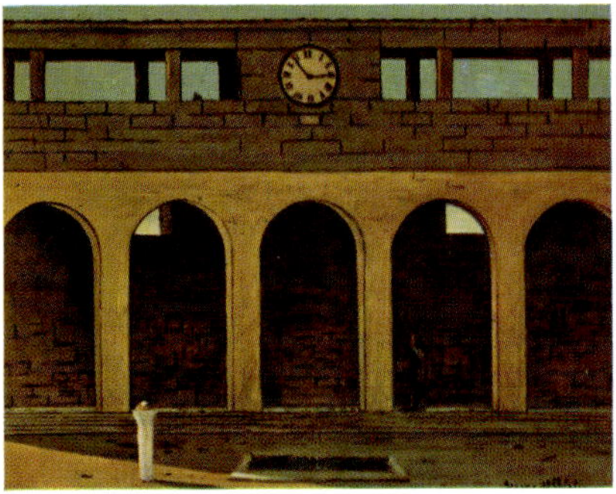

Giorgio de Chirico, Das Rätsel der Stunde, 1911. Sammlung G. Mattioli, Mailand

Giorgio de Chirico, Der Liebesgesang, 1914. Sammlung Nelson A. Rockefeller, New York

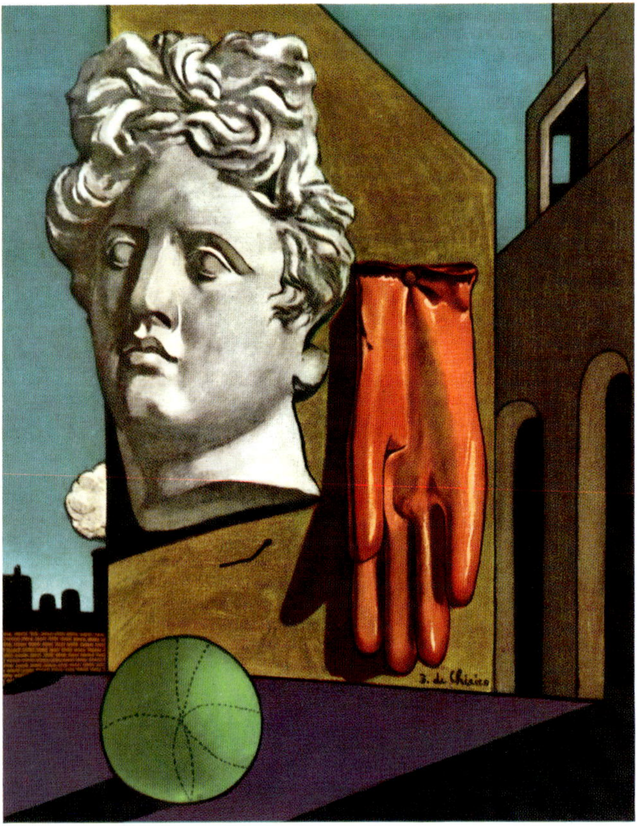

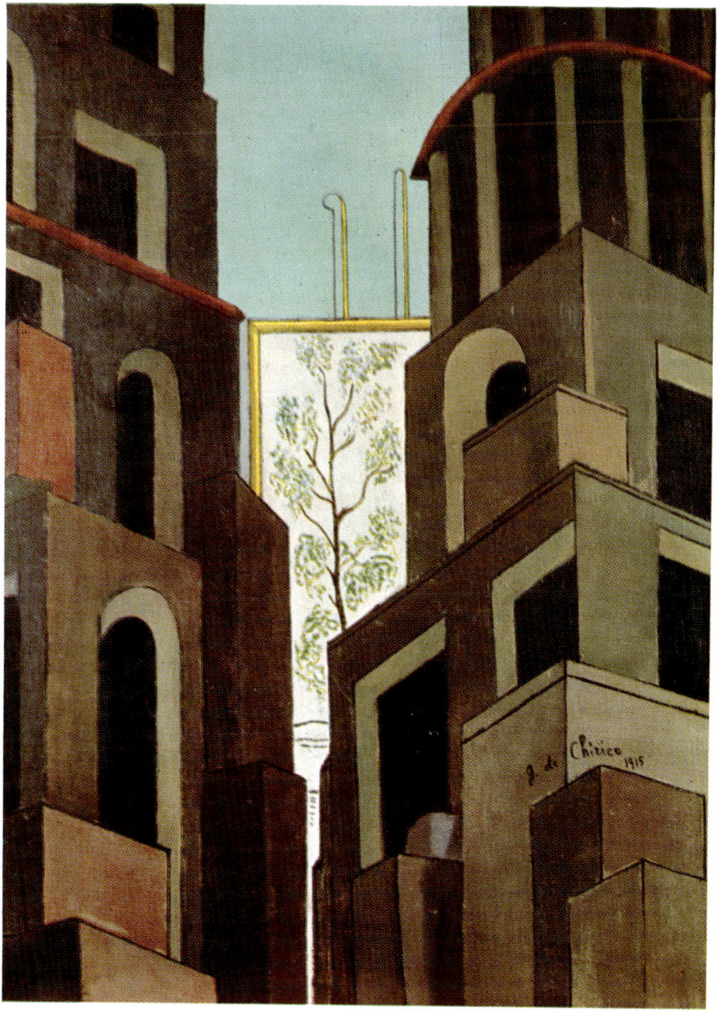

Giorgio de Chirico, Die Reinheit eines Traumes, 1915. Privatsammlung, Paris

Schätze versteckte, welche Dorfhenne hat dich ausgebrütet?« Die mythische Ratgeberin, die Egeria der Surrealisten ist zugleich die Verfasserin der anmutigen, manierierten und zerbrechlichen Märchen *Cette année-là (In jenem Jahr)* (1942) und *Pot de Mousse* (1946).

Der Kevorkian, Gabriel (Paris 1932). Man möchte meinen, daß Gabriel Der Kevorkian das Geheimnis der kristallinen Ikonen Filigers (1863 – 1928) wiedergefunden hat, des eigenartigen Schülers von Gauguin, den Jarry mehr als alle anderen Künstler schätzte. Aber hier sind die Ungeheuer aus schillernden Facetten Geschöpfe des Inneren im Aufstand gegen die Ungeheuerlichkeit unserer unterdrückerischen Gesellschaft, und Ungeheuer sind sie nur auf den ersten Blick: in Wirklichkeit haben sie an jener unterirdischen Schönheit teil, der der Surrealismus endlich ein Bürgerrecht gegeben hat. Und sie bewegen sich in einem unversöhnlichen Licht.

Desnos, Robert (Paris 1900 – Theresienstadt 1945). »Können Sie mir auf mein Geldstück herausgeben? Niemand auf der ganzen Welt kann das Wechselgeld auf meine Münze haben.« Desnos ist es, der 1922 bei den Experimenten mit den »Schlafzuständen« »auf Wunsch surrealistisch spricht«, wie Breton im ersten *Manifest* schreibt. In Wortspielen, die er mit *Rose Sélavy* (Pseudonym Duchamps) unterschreibt, will er sich sogar an die Stelle Marcel Duchamps setzen. Lange vor Prévert unternimmt er den Versuch, dem surrealistischen Gedicht einen volkstümlichen Tonfall zu geben *Corps et Biens (Leib und Gut),* (1930). Seine Dichtung droht ins Gefällige abzugleiten, aber manchmal rettet ihn sein Sinn für Unsinn *Language cuit (Gebackene Sprache),* (1923). Am Besten liegt ihm, was man den surrealistischen Feuilleton-Roman nennen könnte; das köstliche Buch *La Liberté ou l'Amour! (Die Freiheit oder die Liebe!)* ist sein Hauptbeitrag zur Bewegung. Nach dem Bruch mit dem Surrealismus (1929) fällt er in eine unbedeutende konventionelle Dichtung zurück. 1944 nach Buchenwald deportiert, stirbt er in der Tschechoslowakei kurz nach seiner Befreiung.

Dialektik. »Wo die Hegelsche Dialektik ihren Dienst versagt, gibt es für mich kein Denken, keine Hoffnung auf Wahrheit« (A. Breton, 1952).

Dichtung. »Ich sehe weiterhin zwischen Literatur und Dichtung nichts Gemeinsames. Die eine, ob sie nun auf die Außenwelt gerichtet ist oder sich der Introspektion rühmt, trägt uns leeres Geschwätz vor; die andere ist ganz inneres Abenteuer, und dieses Abenteuer ist das einzige das mich interessiert« (A. Breton, 1962).

Dominguez, Oscar (Teneriffa 1906 – Paris 1957). Eine Überfülle an neuen Vorschlägen zeichnet Dominguez' Beitrag zum Surrealismus zwischen 1934 und 1940 aus. Wenn er sich dem Alltagsgegenstand zuwendet und seine phantastische Dimension herauslöst – ob es nun Krüge sind, Sardinendosen, Schreibmaschinen oder Dampfwalzen–, so geschieht dies nicht zu seinem eigenen Ruhm wie bei Dali, noch um die Gegenstände zu Zeugen in einem Prozeß gegen die vi-

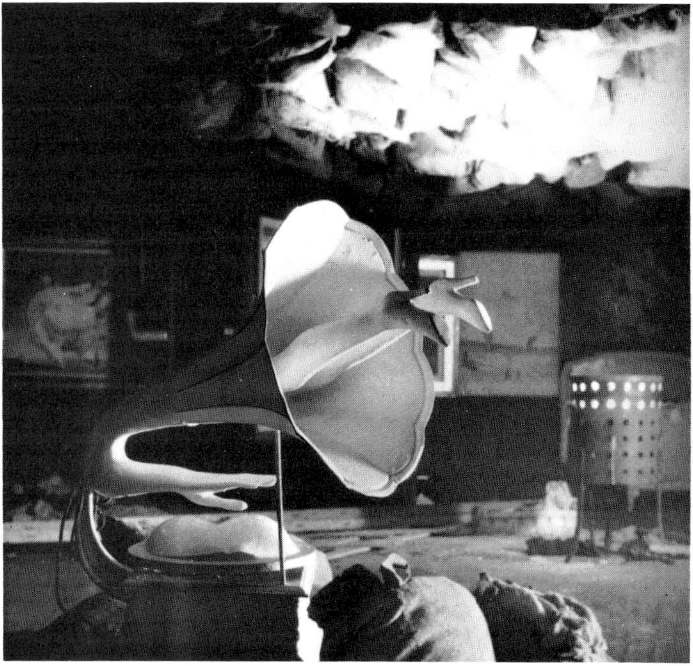

Im Vordergrund: »Niemals«, Gegenstand von Oscar Dominguez, Internationale Surrealisten-Ausstellung, Paris 1938

suelle Logik zu machen, wie bei Magritte, sondern, bescheidener, um sie an dem Dialog zwischen dem Menschen und den von ihm geschaffenen Dingen teilhaben zu lassen. Die Sache des »Automatismus« verdankt ihm in erster Linie das Verfahren der »Décalcomanie« (s. Stichwort) und weiterhin die schwindelerregenden Visionen der »kosmischen« Periode (1939 – 1940). Dominguez hat viele hochpoetische surrealistische Objekte geschaffen, und es ist schade, daß er sein Vorhaben der »lithochronen Oberflächen« (steinzeitliche Steindrucke) nicht weiter betrieben hat. Es ging darum, die Dauer in die Ausführung des Kunstwerks hineinzunehmen. Nach 1940 hat Dominguez sich gehen lassen und de Chirico und Picasso nachgeahmt, manchmal auf ein und demselben Bild, und hat so auf eigene Inspiration verzichtet. Später, gegen 1954 versucht er nicht ohne Erfolg neue automatische Verfahren. Kurz danach tötet er sich.

Donati, Enrico (Mailand 1909). In den Jahren 1944 – 1946 ermöglicht ihm der »Automatismus« in New York sehr fließende Bilder, die auf ganz natürliche Weise Himmelser-

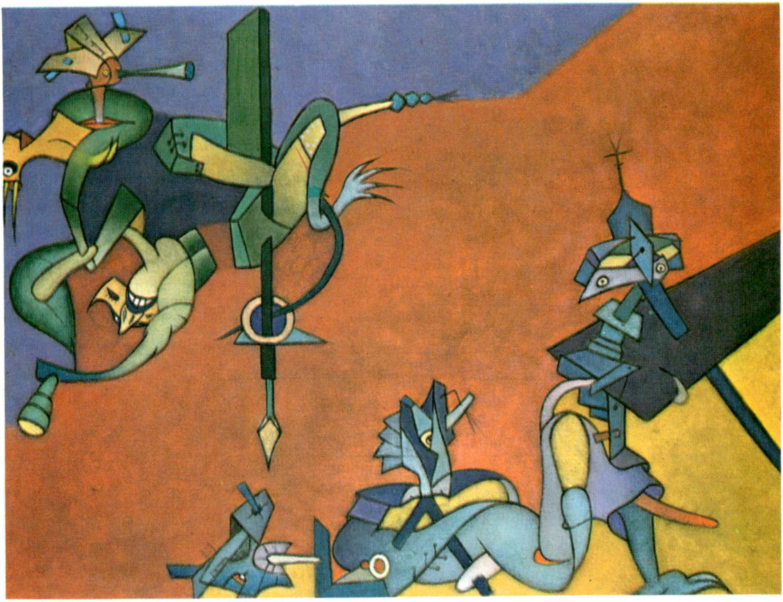

Gabriel Der Kevorkian, 1968. Privatsammlung, Paris

scheinungen evozieren. Dann kommt er zu einer Malerei, die sich einzig mit dem Stofflichen befaßt und das Werk von Tapiès schon in Einzelheiten vorausahnen läßt.

Duchamp, Marcel (Blainville 1887 – Neuilly-sur-Seine 1968). Vielleicht wird sich bald herausstellen, daß die Avantgarde der letzten zwölf Jahre (1960 – 1972) auf dem Holzweg war, weil sie beinahe ausschließlich auf die *Ready-mades* von Duchamp gesetzt hat. Diese sind bekanntlich entweder industriell produzierte Gegenstände, an denen er keine (Flaschenständer, Staubhülle einer Schreibmaschine) oder nur geringfügige Veränderungen vornahm, und zwar durch ihre Plazierung (das auf einem Schemel befestigte Rad eines Fahrrades, das auf die Seite gelegte Urinoir, der auf den Boden genagelte Hutständer), oder sie werden von dem Künstler oder auf seine Anweisung nach dem Vorbild industriell erzeugter Produkte angefertigt (die Fenster in *Fresh Widow* und *Die Schlägerei von Austerlitz*, *Pflicht und Schuldigkeit für das Roulette von Monte Carlo*, Zuckerstücke aus Marmor in *Why not sneeze*). Der Schlüssel zum Sinn der Ready-mades von Marcel Duchamp findet sich wahrscheinlich in dieser Notiz des Künstlers, die den Titel des »Großen Glases« begleitet: »Um das *in Serie ganz und gar Vorgefertigte* von dem *ganz und gar*

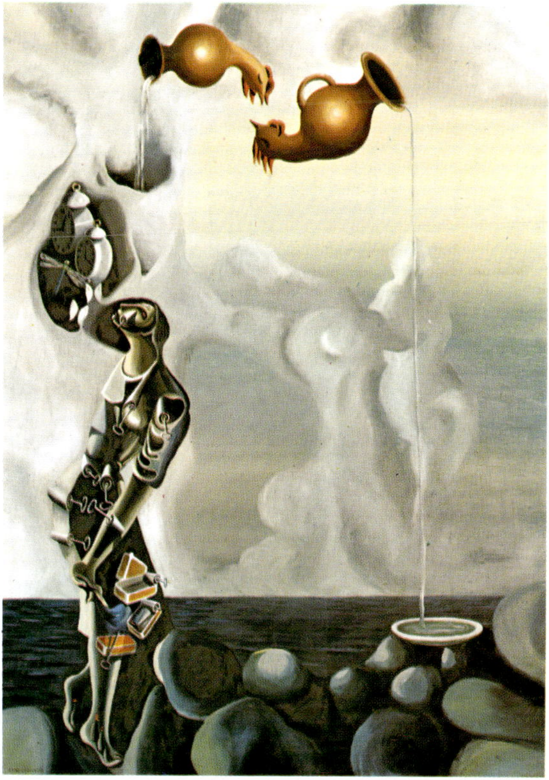

Oscar Dominguez, Los Porrones, 1935. Sammlung G.J. Nellens, Knokke-Le-Zoute

Gefundenen fernzuhalten – der Abstand ist eine Operation.« Da das Verb »finden« hier den Sinn von »erfunden« hat (vom Künstler »gefunden«), darf man annehmen, daß das Genie Duchamps darin liegt, sich in den Raum zu stellen, der die Ready-mades (das »in Serie ganz und gar Vorgefertigte«) von den Gemälden von 1912 (dem »ganz und gar Gefundenen«) trennt, wobei jede dieser beiden Extrempositionen ihren Sinn erst aus dem Bezug zur anderen erhält. Durch diese Dialektik wird bestätigt, daß das erste Ready-made (*Rad eines Fahrrades)* von 1913 ist, also aus dem gleichen Jahr, in dem die Vorarbeiten zur Malerei auf Glas beginnen, mit *La Mariée mise à nu par ses célibataires, même (Die Neuvermählte, von ihren Junggesellen selbst entkleidet),* gemeinhin auch das »Große Glas« genannt (die Ausführung, 1915 begonnen, wird 1923 abgebrochen). Dieses Werk, das genialste und verwirrendste des XX. Jahrhunderts, zieht nämlich ebenso wohl völlig subjektive Elemente (die Neuvermählte, die direkt aus dem Gemälde dieses Titels von 1912 stammt) wie objektive Elemente heran (die Schokoladenreibe, deren Vorbild Duchamp im Schaufenster eines Schokoladenfabrikanten in Rouen gesehen hatte): es operiert also mit dem »Abstand« zwischen den beiden Extremen in der Kunst Duchamps und macht aus diesem »Abstand« die Triebfeder des Werkes, die zugleich das Moment der Maschine in unserer erotischen Vorstellung suggeriert. Da das »Große Glas« unvollendet blieb, konnte der Eindruck entstehen (auch für Duchamp selber), Duchamp habe nun alles gesagt. Doch seit 1946 (zum Zeitpunkt, als Breton von New York nach Paris zurückkehrte) hat Duchamp sich unter größter Geheimhaltung zwanzig Jahre lang mit der Verwirklichung einer Arbeit in drei Dimensionen beschäftigt. Es ging um eine Art Inszenierung als Wachsfigurenkabinett, die man nur durch zwei Löcher in einer alten Tür sehen kann: eine nackte Frau, rücklings gesehen, hebt mit der Hand einen Auerschen Glühstrumpf hoch, während auf der Landschaft im Hintergrund ein Wasserfall zu sehen ist. Mit diesem Werk, betitelt *Etant donnés: 1. la chute d'eau, 2. le gaz d'éclairage (Vorausgesetzt: 1. der Wasserfall, 2. das Leuchtgas),* das erst nach dem Tode des Künstlers bekannt wurde, hält Duchamp der Avantgarde ein prachtvolles Dementi entgegen. Sie beruft sich auf ihn durch ein Mißverständnis und verkennt dabei total den zweiten »Abstand«, wie sie auch den ersten verkannt hat.

Duits, Carles (Neuilly-sur-Seine, 1925). »Die Morgenröte, die durchsichtige Schwalbe, fing eine nach der anderen die leuchtenden Fliegen der Nacht.« Charles Duits ist sechzehn Jahre alt, als er Breton in New York begegnet, der gleich seine dichterische Begabung erkennt und ihn zur Teilnahme an den surrealistischen Exerzitien führt. Duits hat eine bemerkenswerte Erinnerung an diese New Yorker Jahre und an die Person Bretons veröffentlicht: *André Breton a-t-il dit passe* (1969).

Duprey, Jean-Pierre (Rouen 1930 – Paris 1959). »Nachdem das Meer ertrunken, die Erde beerdigt und das Feuer verbrannt war, verschwand die Luft im Rauch des neuen, von all die-

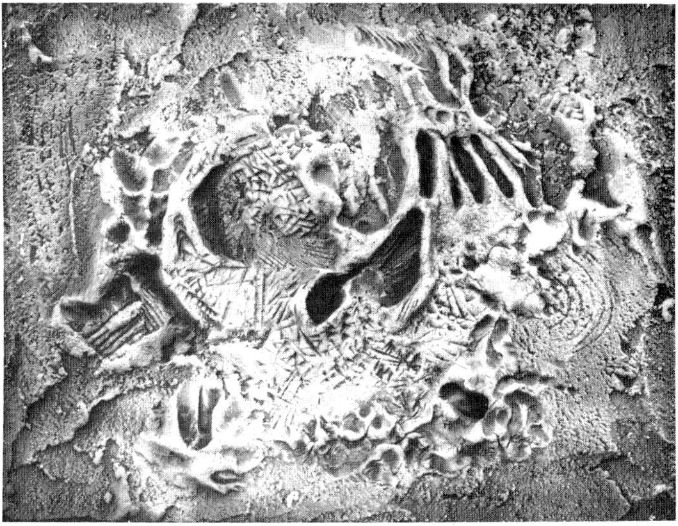

Jean-Pierre Duprey, Flach-Relief, 1955, Zement. Privatsammlung, Paris

sen Geschehnissen erzeugten Feuers.« Duprey trat mit *Derrière son double (Hinter seinem Doppelgänger)* (1950) an die Öffentlichkeit, wozu Breton ihm schrieb: »Sie sind gewiß ein großer Dichter, verdoppelt um einen anderen, der mich neugierig macht.« Der »große Dichter«, der sich in der Atmosphäre der Umwälzungen mit einem unnachahmlichen kleinen Lächeln zu bewegen pflegt, gibt sich zu erkennen in den posthumen Ausgaben *La Fin et la Manière (Das Ende und die Manier)* (1965) und *La Forêt sacrilège (Der frevlerische Wald)* (1970). Muß man diesem »Anderen«, der Breton so faszinierte, die Gemälde von 1951 zuschreiben, vielleicht auch die Skulpturen von 1952? Nach borstigen Arbeiten aus Schmiedeeisen findet er in Zement den Stoff, der auf seinen jähzornigen und dabei leisen Fingerdruck reagiert. Zur Dichtung zurückgekehrt, schickt er seine letzten Gedichte an Breton und erhängt sich.

Ecriture automatique (Automatische Schrift). Der Ausdruck entstammt dem Spiritismus, der damit sagen will, daß die Medien in Trance unter dem Diktat der »Geister« schreiben. Wenn Breton 1919 ein so schnelles Schreiben empfiehlt, daß es den diversen Kontrollen der Reflexion, der Logik und der konventionellen Normen entgeht, bezieht er sich allerdings auf die Wortalchemie Rimbauds, auf die Rhetorik des Wahns bei Lautréamont und auf andere weniger monumentale Vorbilder mit gleicher Wirkungsgeschichte, wie Apollinaires *Onirocritique* (1908). Er denkt ebenfalls an das spontane Bekenntnis, zu dem der Patient auf der Couch des

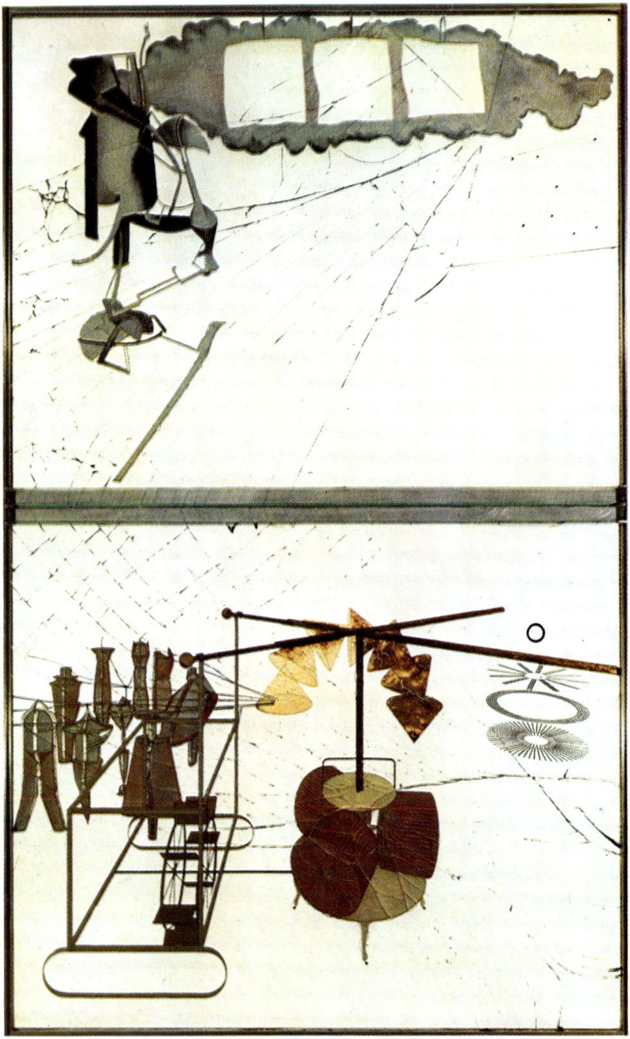

Marcel Duchamp, Die Neuvermählte, von ihren Junggesellen entkleidet, 1915 – 1923. Museum of Art, Philadelphia

Psychoanalytikers aufgefordert wird. »Versetzen Sie sich in den maximal passiven und rezeptiven Zustand, dessen Sie fähig sind. Sehen Sie ab von Ihrem Genie, Ihren Talenten, und denen aller anderen. Halten Sie sich vor Augen, daß die Literatur einer der trostlosesten Wege ist, die überall hinführen. Schreiben Sie schnell, ohne vorgefaßtes Thema, schnell genug, um nichts zu behalten und nicht in Versuchung zu kommen, Ihren Text zu überlesen« (Breton, *Manifeste du surréalisme). Les Champs magnétiques* eröffnen einen Weg, der heute noch lange nicht verbaut ist, wenn Breton auch oft Zugeständnisse der Dichter an die literarische Eitelkeit verdammen mußte, weil sie zum Haupthindernis für den reinen automatischen Redefluß wurden.

Eluard, Eugène Grindel, *genannt* Paul (Saint-Denis 1895 – Charenton 1952). »Und immer sind es das gleiche Geständnis, die gleiche Jugend, die gleichen reinen Augen, die gleiche unbefangene Geste ihrer Arme um meinen Hals, die gleiche Liebkosung, die gleiche Offenbarung. Aber nie ist sie dieselbe Frau.« Von 1922 bis 1938 hat Eluard eine führende Rolle im Surrealismus gespielt. Seine kristalline und zeitlose Dichtung entfaltet sich in *Capitale de la douleur (Hauptstadt des Schmerzes)* (1926), *L'Amour, la Poésie* (1929), *La Rose publique (Die öffentliche Rose)* (1934), *Les Yeux fertiles (Die fruchtbaren Augen)* (1936). Aber sie hat nur wenig mit Automatismus zu tun und neigt leicht dazu, den Strom des Unterbewußten »zu Gedichten zu arrangieren«. Nach Breton hat sich Eluard am meisten von allen surrealistischen Dichtern für die Malerei interessiert *(Donner à voir* [*Zu sehen Geben*], 1939). Ab 1939 nähert er sich der Französischen Kommunisti-

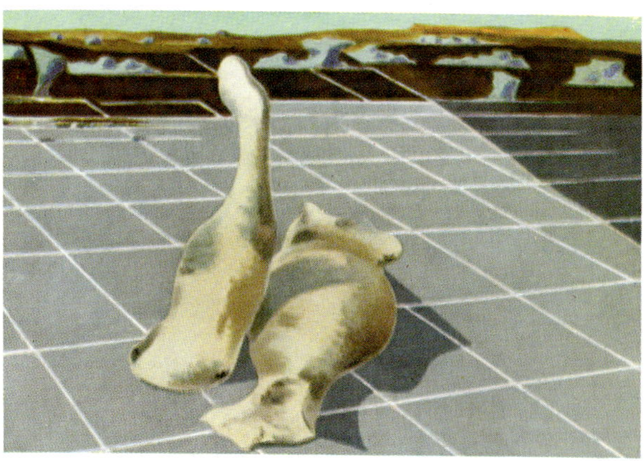

Paul Nash, 1936. Privatsammlung

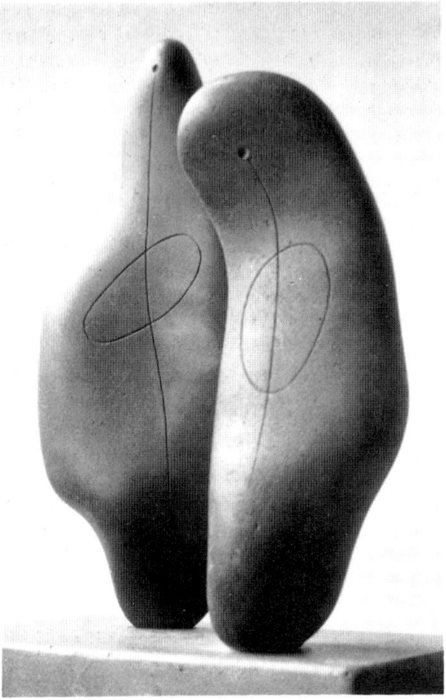

Henry Moore,
Zwei Formen, 1934,
Eisenerz. Privatsammlung

schen Partei, der er 1942 beitritt. Er wird bald zum Stardichter dieser politischen Formation, was ihn zum Beispiel zu diesen Zeilen führt: »Denn das Leben und die Menschen haben Stalin erwählt – Um auf der Erde ihre schrankenlose Hoffnung zu verkörpern« *(Humanité* vom 8.12.1949).

England. 1936, in die Eintönigkeit des britischen Kulturlebens, schlägt die Internationale Surrealistenausstellung in London wie eine Bombe ein. Der Maler Roland Penrose (geboren 1900) und der Schriftsteller Herbert Read (geb. 1893) führen das surrealistische Dynamit in Großbritannien ein; Mesens (seit 1938) und Brunius (seit 1940) schüren das Feuer bis etwa 1950. Neben Read gehören David Gascoyne, Hugh Sykes Davies, George Melly und Simon Watson Taylor zu den repräsentativsten Schriftstellern der Bewegung. Im bildnerischen Bereich sind es Henry Moore (geb. 1898), Paul Nash (1889–1946) und Penrose. Moore, der schon 1925 in der Statue des Chac Mool, des Regengottes der Maya, das Urbild seiner »liegenden Gestalten« gefunden hat, wird eindeutig durch den Surrealismus (Skulpturen von Arp und Picasso, Gemälde von Tanguy) ermutigt, den Anthropomorphismus zu überwinden, in den er nach 1940 erneut zurückfällt. Paul Nash verfolgen Erinnerungen an eine legendäre Vergangenheit, die sich in den keltischen oder sogar vorkeltischen Nebeln verliert; aber immer wieder treibt es ihn, seinen Stil zu ändern. Roland Penrose wollte die Collage mit Serien identischer Postkarten in die Ölmalerei einbeziehen, wodurch ein interessantes Wiederholungsprinzip in sein Werk kommt. Die anderen surrealistischen Maler sind Eileen Agar (geb. 1901), John Banting (geb. 1902), Humphrey Jennings (1907–1949), Conroy Maddox, Edith Rimmington. Hier werden wir nicht vergessen, abschließend daran zu erinnern, daß die von Francis Bacon (geb. 1909) zur Ausstellung von 1936 eingereichte Arbeit als »nicht surrealistisch genug« abgewiesen wurde.

Ernst, Max (Brühl 1891 – Paris 1976). »Ist es der Mann, den man wegen seiner sanften und grausamen Art Hornebom, das Oberhaupt der Vögel, nennt?« Die surrealistische »Collage«, die Max Ernst seit 1919 unter dem Einfluß der Werke Chiricos erprobt, ist sein erster und vielleicht wichtigster Beitrag zur surrealistischen Malerei. Sie inspiriert ihn in den Jahren 1921 bis 1924 zu vielen großartigen phantastischen Gemälden (*Oedipus Rex, Die Revolution in der Nacht, Zwei Kinder werden von einer Nachtigall bedroht*); außerdem bringt sie ihn auf das Konzept der »Collagen-Romane«: *La Femme 100 têtes (Die hundertkopflose Frau)* 1929 (dt. *La Femme 100 têtes,* 1962), *Rêve d'une petite fille qui voulut entrer au Carmel (Das Karmelienmädchen,* 1930), *Une semaine de bonté* (1934) (dt. *Une semaine de bonté, Die weiße Woche,* 1963). 1925 beginnen die mit Hilfe der »Frottage«-Technik gefundenen Bilder und dadurch erfundenen Geschichten. Die ersten Ergebnisse werden in der *Histoire naturelle* (1926) (dt. *Histoire naturelle,* 1965) veröffentlicht. Bis zu seinem Tod zieht Max Ernst Konsequenzen aus der für sein Werk spezifischen Formensprache. Eine Variante, die »Grattage«, läßt Gemälde voll drohender Ungeheuer, düsterer Wälder und schlafender Städte im Licht eines alterslosen Mondes entstehen (1927). Unter den eindrucksvollsten Werken aus den Jahren vor dem zweiten Weltkrieg muß man die Reihe der *Jardins gobe-avions (flugzeugverschlingende Gärten)* (1935) und der *Jungles (Dschungel)* (1936) nennen. Ab 1937 überträgt Max Ernst das Verfahren der »Décalcomanie« in die Ölmalerei; auf diese Weise malt er zwischen 1939 und 1945 einige seiner bewundernswertesten Gemälde: *(L'Europe après la plui [Europa nach dem Regen]; L'Oeil du silence [Das Auge des Schweigens]*) und dann die Reihe der *Mikroben.* 1939 als deutscher Staatsangehöriger von den frönzösischen Behörden interniert, gelingt es ihm, zu den Surrealisten in Marseilles zu stoßen, von wo er 1941 nach New York geht. Dort gründet er mit Breton und Duchamp die Zeitschrift VVV und trifft (1942) Dorothea Tanning. 1944 fängt Max Ernst wieder an, plastisch zu arbeiten, womit er sich schon 1934 in den Ferien in Maloja bei Giacometti beschäftigt hatte. 1946 zieht er mit Dorothea Tanning nach Arizona, 1953 kommt er nach Frankreich zurück und wohnt zunächst in Huismes, in der Touraine (1955), dann in Seil-

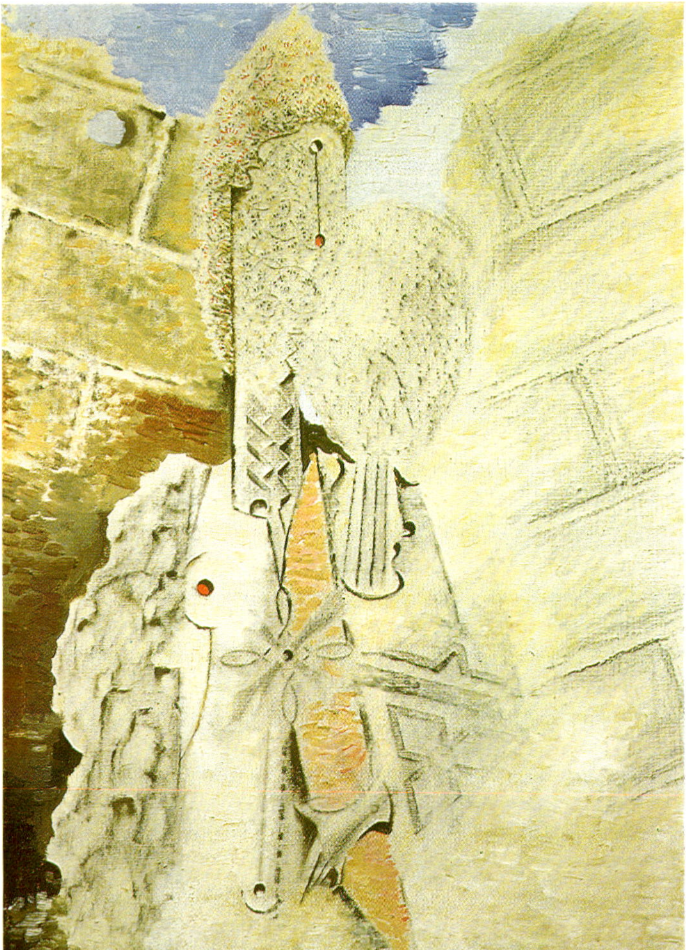

Max Ernst, Zwei nackte junge Mädchen, 1925 – 1926. Sammlung Simone Collinet, Paris

lans in der Provence (1964). Der Große Preis für Malerei, den er 1954 auf der Biennale von Venedig erhält, trägt ihm den Ausschluß aus der surrealistischen Bewegung ein (die Ausschlußerklärung hat den Titel *A son gré* [*Nach seinem Gutdünken*]). Das nimmt er übel und gibt ständig herbe Äußerungen über Breton und dessen Freunde von sich, nicht ohne zu behaupten, er habe schon 1938 aus Solidarität mit Eluard mit der Gruppe gebrochen und sowieso im Surrealismus bloß eine Oppositionsrolle gespielt. Aber die eine These hält der Nachprüfung so wenig Stand wie die andere. Jedenfalls ist Max Ernst nun von seinem ewigen Zwiespalt befreit. Zwar bietet sein Werk keine neuen Aspekte, aber es erweitert sich im Sinne der früheren Neuerungen von Zeit zu Zeit unbestreitbar mit Erfolg.

Erotik. »Wenn heute die Natur (gemeint ist die äußere Welt) in der Kunst nicht mehr um ihrer selbst willen erfaßt wird, wenn sie von manchen sogar eine endgültige Absage erfahren hat, so gibt es doch weiterhin einen bevorzugten Ort, das Theater der Verlockungen und Verbote, wo sich die fundamentalsten Instanzen des Lebens entscheiden. Zu diesem Ort auf immer neuen Streifzügen vorzudringen hat der Surrealismus von seinen Anfängen bis heute nie versäumt: die Erotik – von der wir wissen, daß sie keineswegs der Vergegenwärtigung in sexuellen Szenen bedarf, sondern im Dunkel-Mehrdeutigen mehr gewinnt und zu unzähligen übertragenen Bildern Gelegenheit gibt. An diesem Ort aber – und fraglos nur da – muß durch Unruhe und Verwirrung jene *organische Bindung* zwischen den Zeigenden und dem Betrachtenden zu Stande kommen, die der heutigen Kunst immer mehr fehlt« (A. Breton, 1959).

Fourier, Charles (Besançon 1772 – Paris 1837). »Um zu dem Kontinent einer neuen Welt zu gelangen, bediente sich Kolumbus der Regel des *absoluten Unterschiedes;* er hielt sich fern von allen bekannten Routen und ließ sich auf die Fahrt auf dem jungfräulichen Ozean ein, ohne von den Ängsten seines Jahrhunderts Notiz zu nehmen; halten wir es ebenso, verfahren wir mit dem absoluten Unterschied. Nichts ist leichter. Es genügt, einen mit dem unsrigen kontrastierenden Mechanismus zu versuchen.« Seit 1945, als er die *Ode an Charles Fourier* bei seinem Besuch in den »Reservaten« der Pueblo-Indianer in Arizona schrieb, hat Breton wiederholt das Genie und die brennende Aktualität dieses Propheten der Harmonie verkündet.

Francès, Esteban (Port-Bou, Katalonien, 1914). Er beteiligt sich am Wiederaufschwung des Automatismus in der surrealistischen Malerei am Vorabend des zweiten Weltkrieges. Mit seiner eigenen Methode der »Grattage« malt er phantastische Landschaften, in denen Pflanzenwesen auftreten. In den Vereinigten Staaten komponiert er während des Krieges allegorische Bilder, denen der Einfluß Picassos deutlich anzusehen ist.

Freud, Sigmund (Freiberg, Mähren, 1856 – London 1939). »Der Surrealismus hat gelernt, generell anzuerkennen, was dieser Autor auf der Grundlage klinischer Forschung Erhellendes über das unterbewußte Leben herausgefunden hat« (A. Breton, 1935).

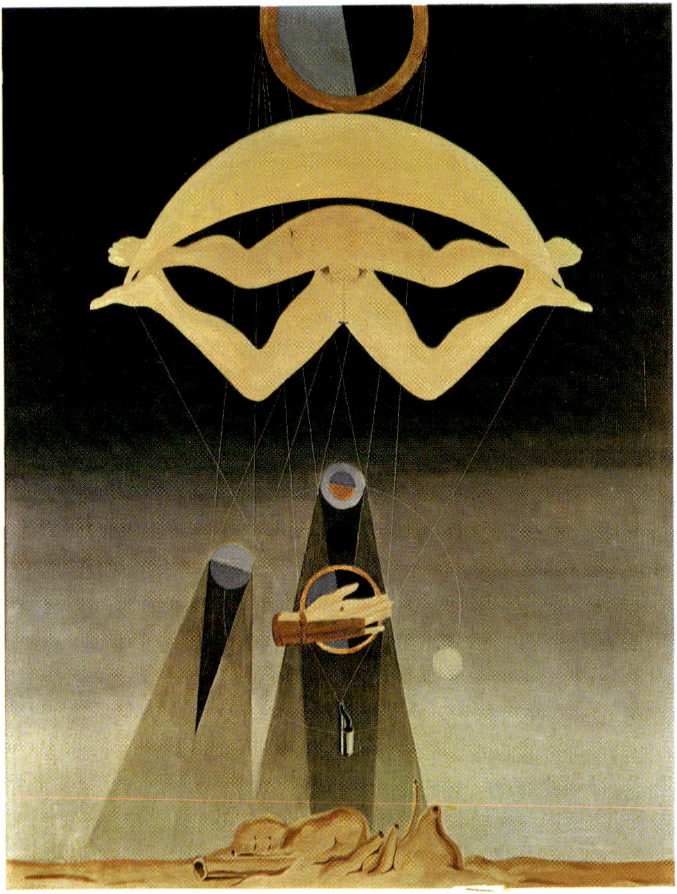

Max Ernst, Die Menschen werden nichts davon wissen, 1923. Tate Gallery, London

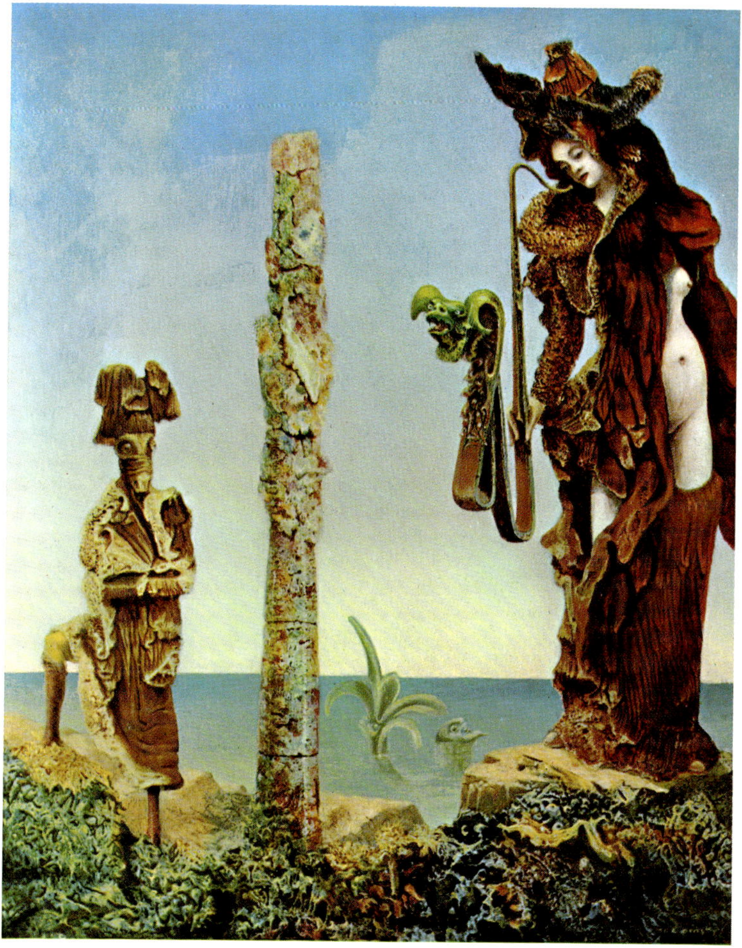

Max Ernst, Napoleon in der Wüste, 1941. Museum of Modern Art, New York

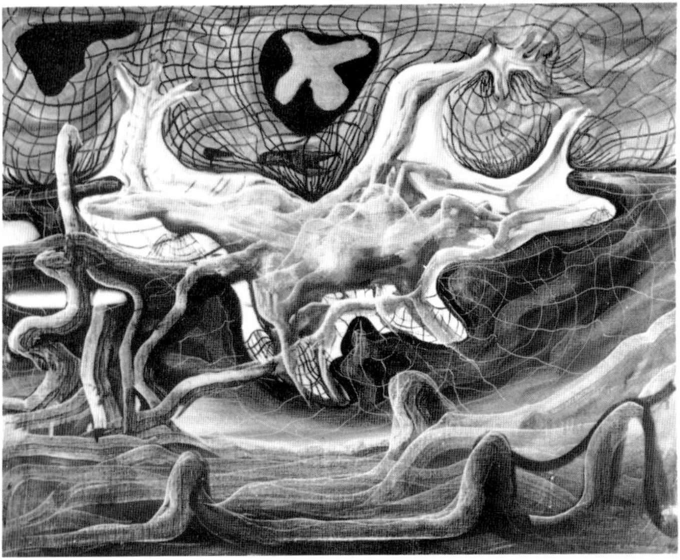

Esteban Francès, Rückkehr zur Erde, 1939. Sammlung Onslow-Ford

Frottage. Als der Regen ihn am 10. August 1925 in einem Gasthaus in Pornic am Meer zurückhält, fällt es Max Ernst auf, daß sein unruhiger Blick »wie besessen immer wieder vom Fußboden angezogen wird, dessen Rillen die unzähligen Male des Aufwischens herausgearbeitet hatte«. »Ich entschloß mich dann,« erzählt er, »die Symbolik dieser Anziehungskraft zu erkunden. Zur Unterstützung meiner meditativen und halluzinatorischen Fähigkeiten pauste ich eine Reihe von Zeichnungen von den Brettern ab, indem ich mehrmals ein Blatt Papier auf zufällig ausgewählte Stellen legte und dann mit dem Bleistift darüberrieb.« Auf die gleiche Weise befragte er »das Laub und seine Rippen, die zerfaserten Ränder einer Sackleinwand, die Pinselstriche eines modernen Bildes, einen von seiner Spule abgerollten Faden, usw.« Dieses Verfahren, dessen erste Ergebnisse in der *Histoire naturelle* (1926) veröffentlicht werden, wird bald auch auf die Ölmalerei angewendet, wobei Ernst bemerkenswerte und sehr verschiedene Wirkungen herausholt. Dies ist eine der diversen Methoden zur visuellen Anregung, für die Dali nachher das Wort »paranoid« vorschlägt.

Fumage (Berußung). Durch Hin- und Herführen einer Kerzenflamme unter einem Papier hat Paalen 1937 eine fließende und träumerische Struktur erhalten. In die Ölmalerei übertragen, ermöglicht dieses Verfahren einen sehr geschmeidigen »automatischen« Rhythmus und einen Pinselauftrag mit unvergleichlich fließenden Übergängen, aus denen sich in verschiedenen Phasen Paalens Gemälde aufbauen.

Funk Art. Ab 1960 entwickelte sich etwa gleichzeitig mit der Pop Art in Kalifornien in der Umgebung von San Francisco eine exzessive, farbstarke, oft aggressive, humoristische oder erotische Kunst. Ihr kann man im Großen und Ganzen surrealistische Qualitäten zusprechen. Die Befehle des Unterbewußtseins werden dort ernster genommen als die ästhetischen Fragen, die sowohl für die Minimal Art als auch für die Pop Art entscheidend sind. Die Hinfälligkeit der Arbeiten wird hier besonders geschätzt. Die bedeutendsten Funk-Künstler (der Ausdruck entstammt dem Jazz) sind Jeremy Anderson (geb. 1921), dem daran zu liegen scheint, das surrealistische Werk Giacomettis weiterzuführen; Robert Hudson (geb. 1926), der gewisse malerische Wirkungen auf die Plastik anwendet; William Geis (geb. 1940), der eine imaginäre Tierwelt beschreibt; James Melchert (geb.1930), Jerrold Ballaine (geb. 1934), William T. Wiley (geb. 1937) und Sue Bitney (geb. 1942). Alle arbeiten in erster Linie plastisch.

Gerber, Theo (bei Thun, Schweiz, 1928). Gerbers von Wassern und Winden durchzogene Landschaften werden 1965 durch strukturierte Räume mit halluzinatorischen, mitunter erotischen Elementen abgelöst. – Der Traum wird immer mehr zum Organisationsprinzip des Gemäldes, er orchestriert Himmelsfetzen und Wolkenpfeiler mit weiblichen Hüften und

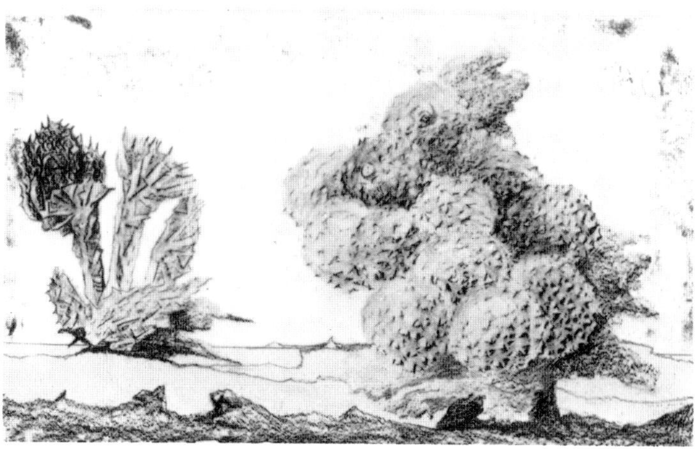

Max Ernst, Der Start des Kastanienbaumes, 1925, Frottage auf Papier (s. Stichwort). Sammlung Roland Penrose, London

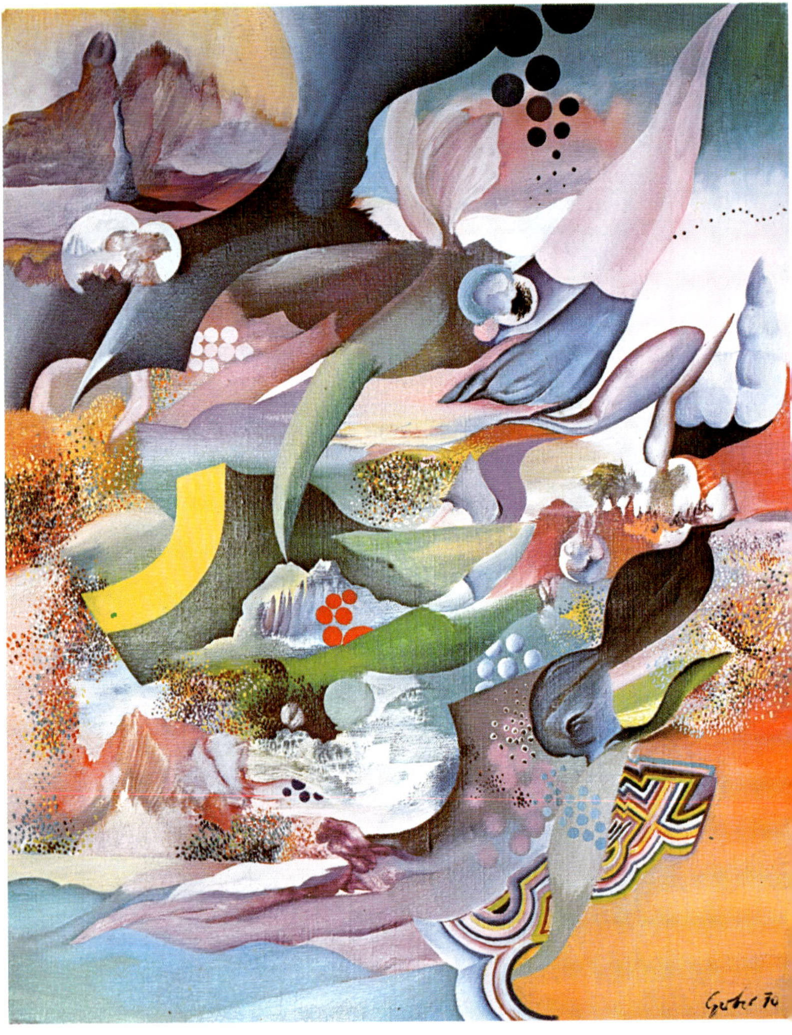

Theo Gerber, Imaginärer Frühling, 1970. Sammlung Philippe Woog, Genf

Oasen reiner Phantasie. So kommt Gerber Ende 1968 zu einer Malerei, deren Lyrik äußerst frei wirkt und doch in ständig sich erneuernden Kompositionen gebunden bleibt. Daher kann diese Malerei sich mit den inspiriertesten Augenblicken im Werk Kandinskys, Picabias oder Mattas vergleichen.

Giacometti, Alberto (Stampa 1901 – Coire 1966). Verzweifelte Ratlosigkeit führte Giacometti zum Surrealismus. Der Schüler Bourdelles hatte nämlich bemerkt, daß der Gegenstand sich ihm entzog, wenn er ihn exakt darstellen wollte: jede Form des Realismus war ihm unmöglich. Eine Zeitlang hatte ihn die primitive, vor allem afrikanische Kunst inspiriert. Sie half ihm, die buchstabengetreue Darstellungsweise abzulegen. Dann mußte er sich von ästhetischen Klischees lösen, die dem Werk alle Emotion zu rauben drohten. Der Surrealismus unterstützte ihn dabei, in sich selbst und nicht mehr in äußeren, von der Natur oder der Kultur vorgegebenen Mustern den Ursprung des Kunstwerkes zu finden. *La Boule suspendue ou l'Heure des traces (Die aufgehängte Kugel oder Die Stunde der Spuren)* (1930) war die erste seiner neuen Plastiken. Sie wurde zum Vorläufer des surrealistischen Objektes. In ihr äußert sich ein einigermaßen verworrenes Empfinden, denn sie reizt zu einer Liebkosung, die sich nicht zu Ende führen läßt. *Cage (Käfig), Pointe à l'oeil (Augenspitze), Objet désagréable à jeter (Unange-*

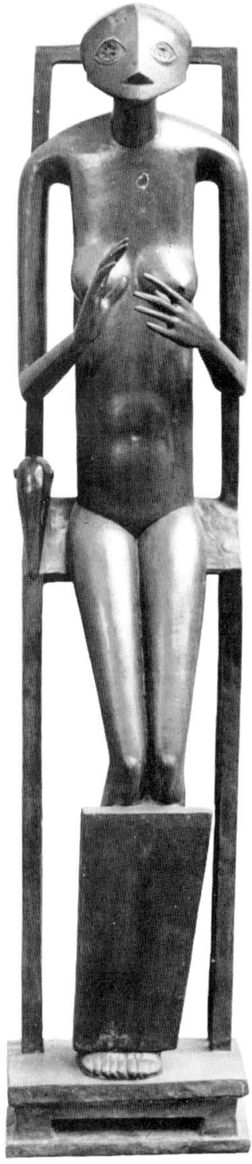

Alberto Giacometti, Der unsichtbare Gegenstand, 1934 – 1935, Bronze

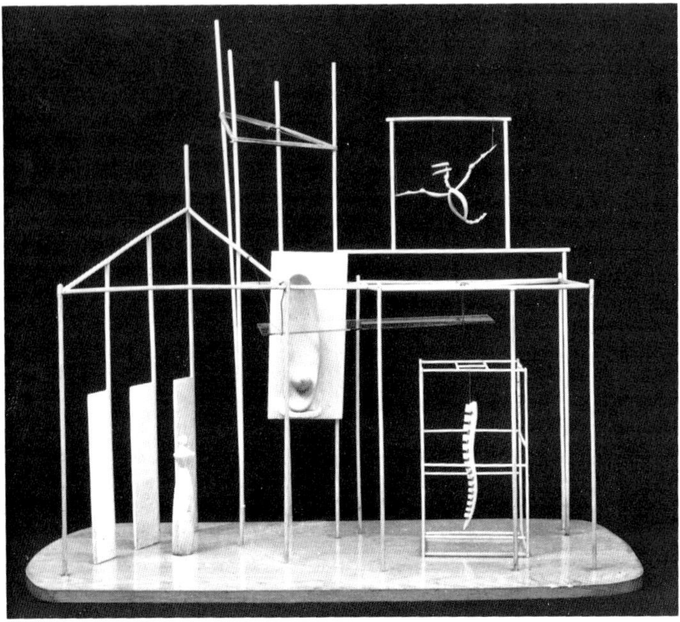

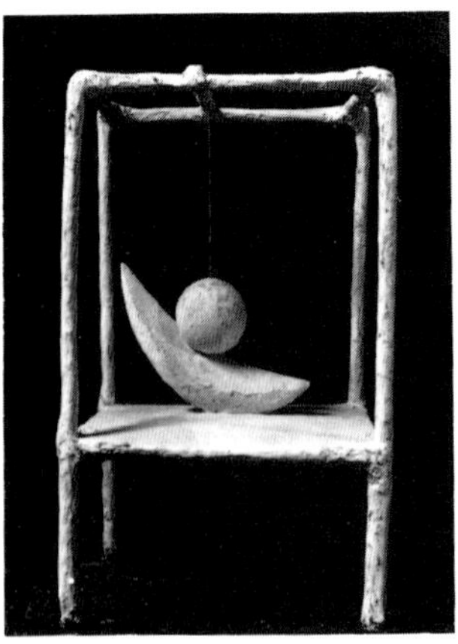

Alberto Giacometti, Das Schloß um vier Uhr morgens, 1932, Holz, Glas, Metall und Bindfaden. Museum of Modern Art, New York

Alberto Giacometti, Die schwebende Kugel oder die Stunde der Spuren, 1930, Gips

nehmer Wurfgegenstand) (1931), *Femme égorgée (Frau mit durchschnittener Kehle)* (1932), *Fleur en danger (Blume in Gefahr)* (1933) entstanden aus der spontanen Projektion aggressiver oder selbstzerstörerischer Triebe. Das erste Meisterwerk aus dieser Zeit sollte *Le palais à quatre heures de l'après-midi (Das Schloß um vier Uhr nachmittags)* (1932) werden, gewissermaßen die Darstellung einer Liebesbeziehung des Künstlers, die auch an die subjektive Bedeutung des Raumes in der Malerei des frühen Chirico erinnert. Giacometti, der folgsam seine Arbeiten »unter dem Diktat« der Inspiration ausführte, fand in der Tat die fruchtbare Passivität des Malers der italienischen Plätze und der *metaphysischen Interieurs* wieder. Das andere große surrealistische Werk Giacomettis, *L'objet invisible (Der unsichtbare Gegenstand)* (1934 – 1935) sollte diesen Zeitabschnitt mit der vielleicht geheimnisvollsten Plastik des XX. Jahrhunderts beschließen. Breton, der in *L'amour fou* den ereignisreichen Arbeitsprozeß beschrieben hat, hielt sie für »die unmittelbare Emanation des *Wunsches, zu lieben und geliebt zu werden*«. 1935 entfernt Giacometti sich von den Surrealisten und versucht zehn Jahre lang vergeblich, zur menschlichen Gestalt zurückzukehren: Gesichter oder Figuren verzehren sich unter seinen Fingern, bis sie sich in Nichts auflösen. Aber seit 1947 schickt er diese fadenförmigen und verstörten Wesen, bald bewegungslos, bald unglaublich hastig in die Welt. Sie haben seinen Namen gemacht. Mit ihnen inszeniert er Szenen jener unausrottbaren Angst, für die er vorher visionäre Symbole gefunden hatte.

Giovanna (geb. Reggio-Emilia). Mit Jean-Michel Goutier findet sie um 1965 zu einem eigenen Rezept des poetischen Schauspiels. Gleichzeitig macht sie graphische Experimente mit Schreibmaschinenbuchstaben. 1971 beginnt dann eine Reihe von Farbzeichnungen. Ausgangspunkt sind mechanisch vergrößerte Raster von Kreuzworträtseln, in denen zerspringende Formen in allen Richtungen ausschwärmen.

Gironella, Alberto (Mexiko 1929). Seit 1958 setzt er sich mit berühmten Bildern der Vergangenheit auseinander (z.B. Goyas *Königin Maria-Luisa von Bourbon-Parma* oder Velasquez' *Königin Maria-Anna*). Er läßt sich mit ihnen in einen seltsamen Dialog ein, der aus Verehren und Verzehren, aus Loben und Zerstören entsteht, als wolle er das Werk der Zeit und den Tod beschwören und zugleich mit ihm eins werden. Im Bildnerischen ergibt dies einen »paranoiden« Kommentar zu den ausgewählten Kunstwerken, wobei er nicht nur Zeichnung und Malerei, sondern auch verschiedene Verfahren der Assemblage in zwei oder drei Dimensionen benutzt.

Gorky, Wosdanig Adojan, *genannt* Arshile (Hajotz Dzor, Türkisch-Armenien, 1904 – Sherman 1948). Durch langes und geduldiges Sich-Aneignen der modernen Malerei setzt der mit sechzehn Jahren nach Amerika eingewanderte Gorky sich nach und nach mit Cézanne, Picasso, Miró und seit 1940 mit Kandinsky auseinander. Kandinsky und Masson verstärken noch sein Bemühen um eine Malerei, die ein unmittelbares und tiefes Ausströmen ist. Aber erst die Begegnung

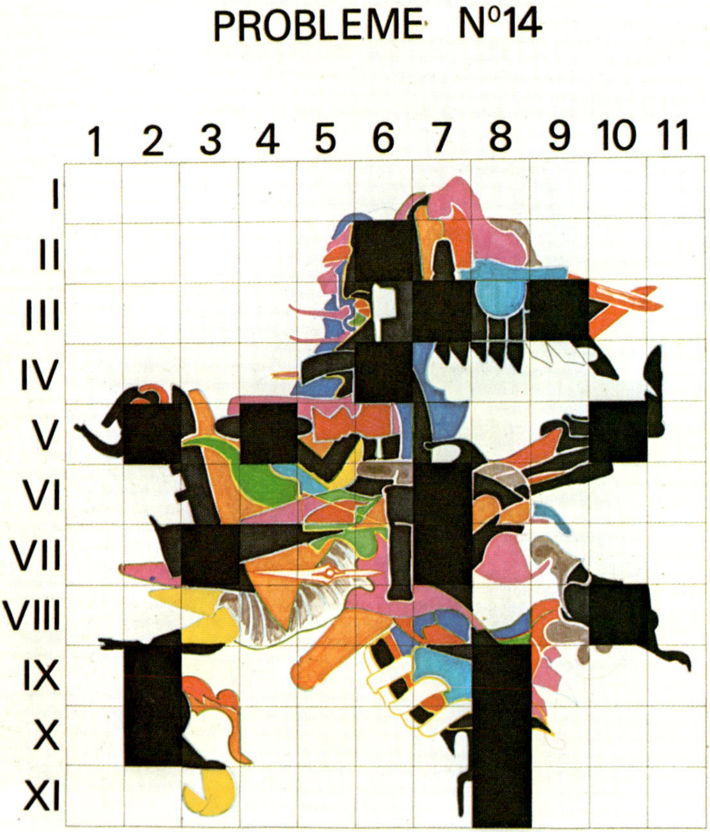

Giovanna, Kreuzemailrätsel, 1972. Privatsammlung

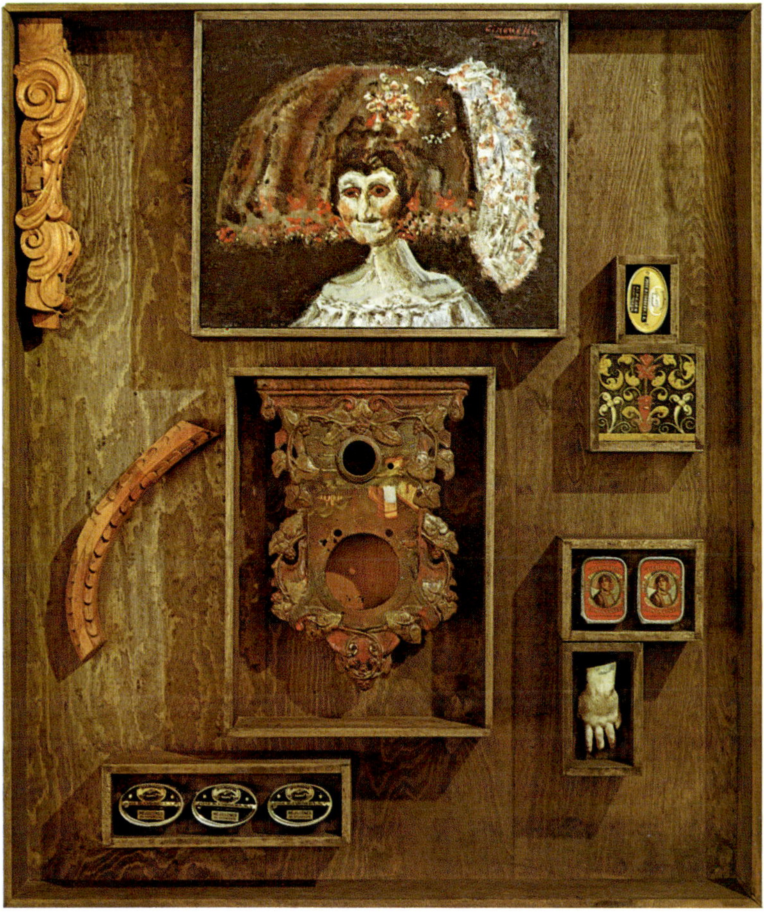

Alberto Gironella, Große Königin, 1964. Privatsammlung

mit Breton und Matta im Jahre 1944 wird entscheidend für ihn. Die warme Freundschaft, die Breton ihm sogleich entgegenbringt, obwohl er kein Englisch, und Gorky überhaupt kein Französisch spricht, ermutigt den Maler, sich seinem eigenen Genie anzuvertrauen. Matta wiederum hilft ihm, gewisse technische Schwierigkeiten zu überwinden, die sich in der Ausübung des Automatismus stellen. Wie Gorkys Händler Julien Levy – selber Autor eines surrealistischen Gedichtbandes (1936) – geschrieben hat, war »für Gorky der Automatismus eine Erlösung«. Und tatsächlich hat Gorky es wunderbar verstanden, den Automatismus für die Umsetzung seiner Sensibilität zu gebrauchen. Er ist der einzige Surrealist, der aus Liebe zur Natur aufmerksam Blumen und Pflanzen studiert. Gerade durch das Zusammentreffen dieser sehr nervösen Studien mit spontanen, subjektiven Linien, Formen oder Farben gelangt der amerikanische Maler zu den schönen Bildern, die zwischen *The Liver is the Cock's Comb (Die Leber ist der Kamm des Hahnes)* (1944) und *The Plow and the Song (Der Pflug und das Lied)* (1947) entstanden. Erinnerungen an die armenische Kindheit überlagern oft Bilder des Unbewußten und der Notizen zur Natur: aus ihnen entspringen gewiß die Farben, die mit ihrem phantastischen Leuchten diese Bilder entzünden und beim Betrachten Bewegung auslösen. Gorky überträgt oft ganz genau eine seiner brodelnden Zeichnungen auf die Leinwand, und häufig finden wir auch das gleiche Thema oder sogar dieselbe Zeichnung auf mehreren Leinwänden als Ausgangspunkt zu verschiedenen Versionen, wobei jede eng vom Augenblick ihrer Ausführung abhängig ist. Aber das Unglück bricht über Gorky herein: Anfang 1946 zerstört ein Feuer siebenundzwanzig Bilder in seinem Atelier, dann kommt eine schwere Operation (Krebs), eine sehr unglückliche Liebe, schließlich ein Autounfall, der ihm den Nacken und die rechte Hand bricht. Als er sich erhängt, verliert die amerikanische Malerei ihren größten Heros und der Surrealismus einen seiner bewundernswertesten Dichter.

Gott. »Alles, was es an Schwankendem, Schiefem, Niederträchtigem, Besudelndem, Groteskem gibt, umfaßt für mich dieses eine Wort: Gott« (A. Breton, 1925).

Gracq, Louis Poirier, *genannt* Julien (Saint-Florent-le Vieil 1910). »Im Abendanzug, an den Kamin gelehnt und theatralisch mit einem Revolver in der Hand spielend, befragte ich vor lauter Müßiggang das grüne, schlafende Wasser diesen sehr alten Spiegel...« Er hat zwar Prosagedichte (*Liberté grande,* 1947) und ein von der Gralslegende angeregtes Theaterstück (*Le Roi pêcheur* [*Der Fischerkönig*], 1948) veröffentlicht, aber besonders im Roman hat Julien Gracq dem Surrealismus einen neuen Weg gewiesen, zuerst mit *Au château d'Argol,* 1938, einem Buch dessen geheimes Fieber an die »schwarzen Romane« (Schauerromane der Romantik) anknüpft.

Granell, E.F. (La Coruña, Spanien, 1912). In der Dominikanischen Republik, in Guatemala, in Puerto Rico hat Granell eine wichtige Rolle bei der Ausbreitung des Surrealismus während des zweiten Weltkrieges gespielt, bevor er sich in New York niederließ. Seine beschwingte und anmutige Malerei bevorzugt bald den Rhythmus, bald das Phantastische.

Grattage. Das ist zunächst eine Erweiterung der Frottage, entstanden, als Max Ernst den Bleistift gegen die Ölmalerei und das Papier gegen die Leinwand vertauschte (1927). Daneben bezeichnet der Begriff ein von Francès um 1938 vorgeschlagenes Verfahren: übereinanderliegende Farbschichten werden mit einer Rasierklinge bearbeitet, so daß unerwartet transparente und bunt schillernde Formen an der Oberfläche zum Vorschein kommen.

Halmstadgruppen. Eine in Halmstad am Kattegat lebende Gruppe schwedischer Maler steht von 1930 bis 1939 unter dem Einfluß des Surrealismus. Es sind Sven Jonson (geb. 1902), Waldemar Lorentzon (geb. 1899), Stellan Mörner (geb. 1896), Axel Olson (geb. 1899), Erik Olson (geb. 1901) und Esaias Thorén (geb. 1901). Alle gehören sie der von Magritte, Dali und, in geringerem Maße, Tanguy initiierten phantastischen Richtung an. Am bemerkenswertesten sind Erik Olson, vor allem in seinen verklärten Landschaften, und Mörner in Stilleben oder spukhaften Interieurs.

Hantai, Simon (Bia, Ungarn, 1922). Ende 1952 macht er sich mit Breton und den Surrealisten bekannt, die ihn in ihrem Kreis herzlich aufnehmen. In Hantais Produktion geht zu dieser Zeit das Automatische mit besonders tragischen und angstvollen phantastischen Visionen einher. In diesen Bildern wird der Mensch oft durch Tierschädel – Symbole in die Vorstellung beschworen, dabei sind die Bilder von endlosem Wallen monströser Eingeweide in grellen Farben überzogen. Hantais Größenwahn verführt ihn dazu, die Entscheidung über Max Ernsts Ausschluß aus der surrealistischen Gruppe zu forcieren. Daraufhin bricht er 1955 seinerseits mit dem Surrealismus und nähert sich Georges Mathieu, dessen reaktionäre Aureole eine verführerische Kraft auf ihn ausübt. Er tritt zum Katholizismus über und veranstaltet 1957 Feierlichkeiten zum Gedenken an die Verurteilung des Averroistenführers Siger de Brabant durch die Inquisition im XIII. Jahrhundert. Diese Äußerungen eines erzkatholischen und faschistoiden Geistes werden von den Surrealisten in dem Flugblatt *Coup de Semonce* verurteilt.

Hare, David (New York 1917). Nach einer Arbeit über die Kunst der amerikanischen Indianer und durch den Kontakt mit den Surrealisten beschließt Hare Bildhauer zu werden. Mit seiner humorvollen Phantasie erfindet er lustige und aggressive Gestalten. Später suggeriert er in seinen Werken die Vorstellung von lyrischen Naturschauspielen.

Hayter, Stanley William (London 1901). Hayter, der Gründer des berühmten »Atelier 17« (1927) in Paris, hat von 1934 bis 1940 an den surrealistischen Aktivitäten teilgenommen. Der Automatismus hat ihm geholfen, sich von der menschlichen Gestalt zu befreien. Seinem in der Radierung wie in der Malerei herrischen und lebhaften Strich sagt man Einfluß auf die Anfänge Mattas nach.

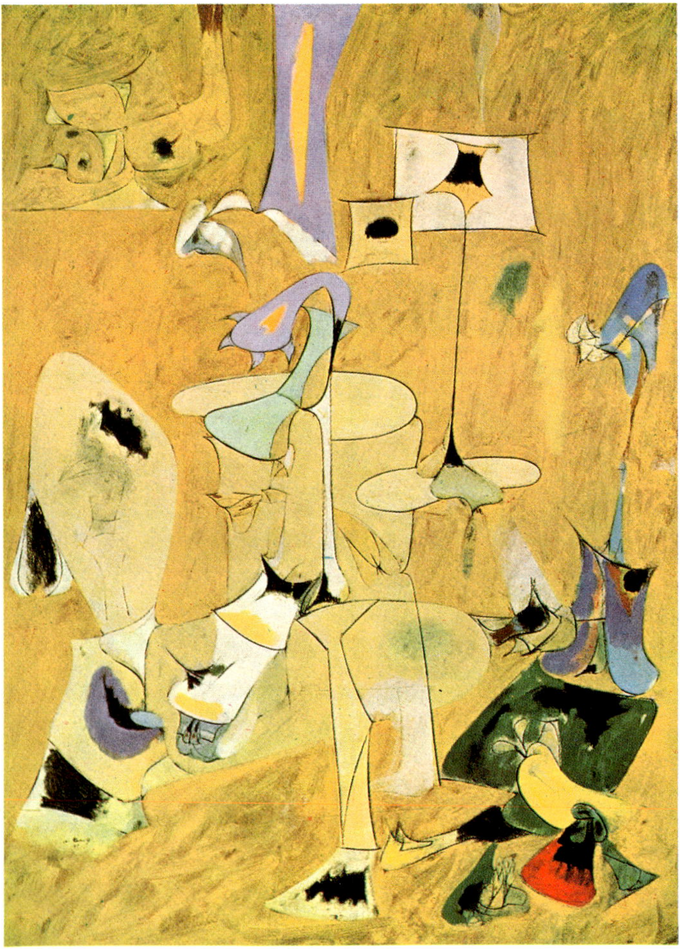

Arshile Gorky, Die Verlobung II, 1947. Whitney Museum of American Art, New York

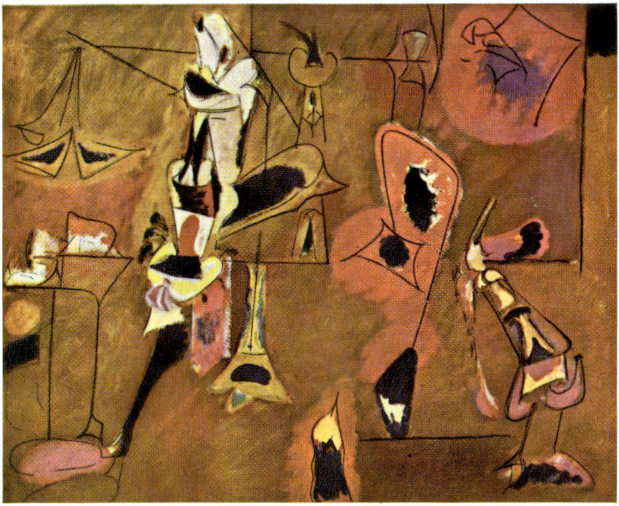

Arshile Gorky, Todeskampf, 1947. Museum of Modern Art, New York

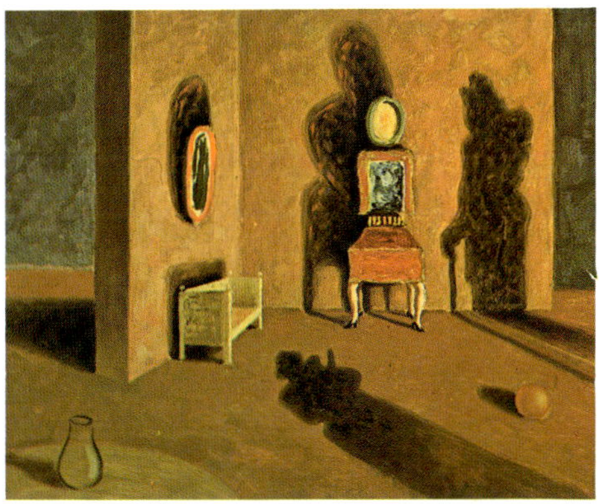

Stellan Mörner, Schattenspiel, 1938. Sammlung Mary Ann Forssell, Djursholm

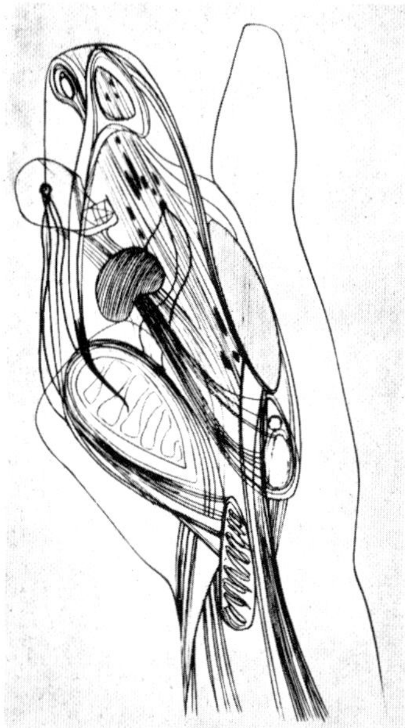

Stanley William Hayter, Handlesen, 1935, Radierung

Hegel, Georg Wilhelm Friedrich (Stuttgart 1770 – Berlin 1831). »Hegel hat sich mit allen Problemen befaßt, die gegenwärtig auf dichterischem und künstlerischem Gebiet als die schwierigsten angesehen werden können, und mit unvergleichlicher Klarheit hat er die meisten von ihnen gelöst. . . Heute noch ist es Hegel, den man über das Begründete oder Unbegründete der surrealistischen Aktivität befragen muß« (A. Breton, 1935).

Heisler, Jindrich (Chrast, Tschechoslowakei, 1914 – Paris 1953). Sein reicher und geschärfter dichterischer Verstand richtet sich auf die Beziehungen zwischen Wörtern und visuellen Bildern. Bis 1938 gehört er zur Gruppe der tschechoslowakischen Surrealisten, dann von 1947 bis zu seinem Tod ist er am Pariser Surrealismus beteiligt. Die »verwirklichten Gedichte«, das »Alphabet«, die »Buchobjekte« sind nur einige seiner zahlreichen Beiträge.

Henry, Maurice (Cambrai 1907). Zunächst mit der Gruppe von *Grand Jeu* verbunden, nahm er von 1930 bis 1951 an den surrealistischen Treffen teil. Er ist hauptsächlich für seine irrationalen humoristischen Zeichnungen bekannt, hat aber ebenfalls Bilder, Gegenstände und Reliefs gemacht – mit demselben sanften und beunruhigenden Humor –, der an sich unwahrscheinlichen Dingen eine besondere Gewißheit verleiht.

Hérold, Jacques (Piatra, Rumänien, 1910). »In meinen Augenhöhlen ruhen die Kristalle sich aus.« Drei Ereignisse stehen am Anfang von Hérolds Werk: ein Motorradfahrer, der nach einem Zusammenstoß anscheinend unverletzt aufsteht und in dünnen Rinnsalen blutet; ein kleiner, von Frühstückshörnchen übersäter Kuchenbäcker auf einer Mauer, gegen die ihn eine entgleiste Straßenbahn zu Tode gedrückt hat; das Gesicht eines verunglückten jungen Mädchens, auf dem die Haut sich in Spänen zusammenrollt. Diese besessenen Bilder scheinen sich in nebelhafter, lichtdurchflitterter Atmosphäre aufzulösen, haben Hérold aber immer wieder zu neuen Zeichnungen, Bildern und seltener zu Skulpturen inspiriert. 1932 nähert er sich den Surrealisten, bis er sich 1951 von ihnen abwendet.

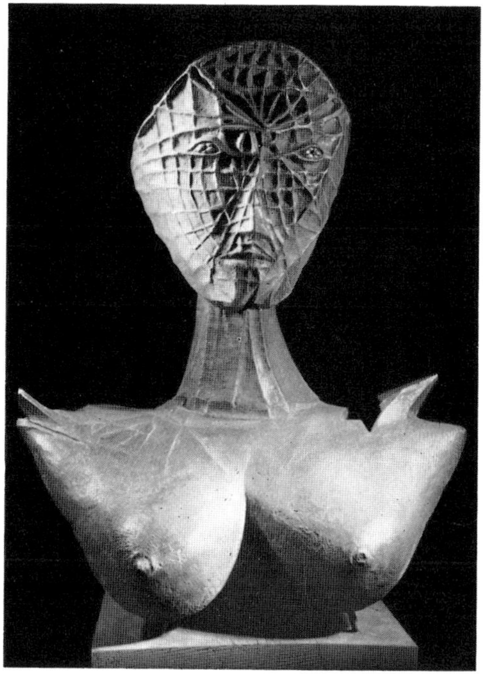

Jacques Hérold,
Das Frau-Fräulein
1945, Bronze

Holten, Ragnar von (Gleiwitz 1934). Dieser große Spezialist für Gustave Moreau und Verfasser einer Studie über den *Surrealismus in der schwedischen Kunst* hat 1970 in Stockholm die Ausstellung ›Surrealism?‹ organisiert. Als Maler ist er besonders bemerkenswert in seinen aggresssiven, nervigen, drolligen Zeichnungen und Collagen, z.B. den Illustrationen zu den *Gesängen Maldorors* (1966–1972).

Hugnet, Georges (Paris 1906). Von 1932 bis 1939 hat er an den surrealistischen Aktivitäten teilgenommen. Er hat einen schönen dichterischen Film gemacht, *La Perle* (1926). Sein bester Gedichtband ist *Le Chèvre-Feuille* (Das Geiß-Blatt) (1943). 1957 hat er *L'Aventure Dada* (Das Abenteuer Dada) veröffentlicht. In Gegenwart von J. Mayoux und J. Schuster wurde er 1962 von V. Bounoure wegen beleidigender Äußerungen gegenüber Péret in der Zeitschrift *Arts* zurechtgewiesen.

Hugo, Valentine (Boulogne-Sur-Mer 1887 – Paris 1968). Von 1930 bis 1939 oft zusammen mit den Surrealisten, schmückt sie deren Bücher, Zeitschriften und Ausstellungen mit kost-

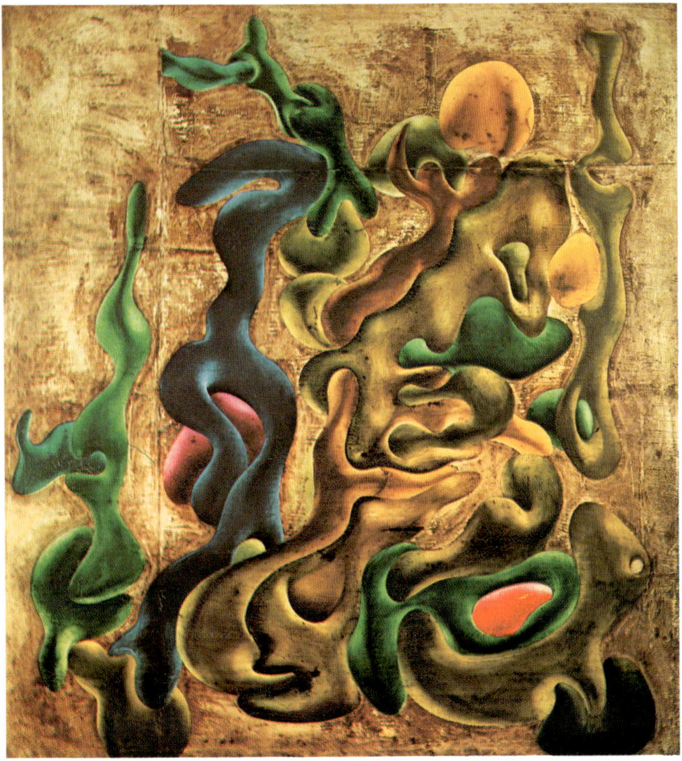

Simon Hantai, Ohne Titel, 1953 – 1954. Privatsammlung, Paris

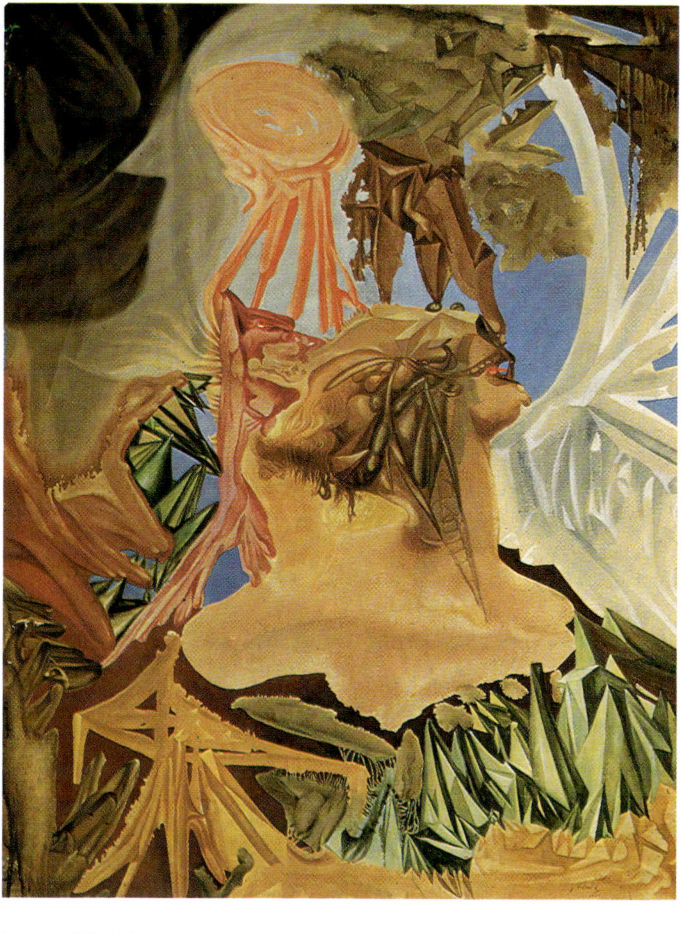

Jacques Hérold, Köpfe, 1939. Im Besitz des Künstlers, Paris

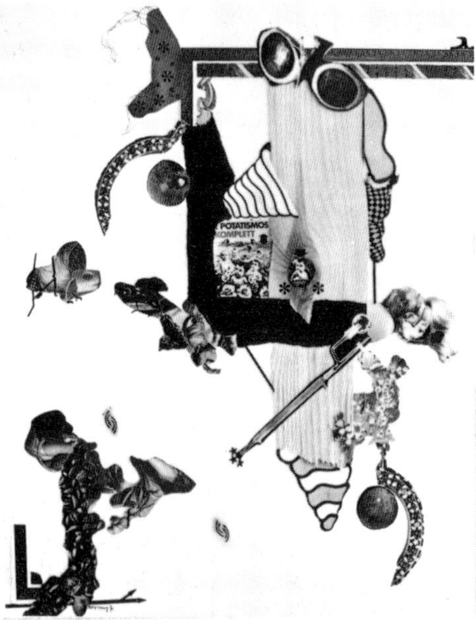

Ragnar von Holten, Totales Schlamassel, 1971, Collage. Im Besitz des Künstlers, Stockholm

baren Zeichnungen und illuminierten Malerien. Von ihr stammt eines der ersten »surrealistischen Objekte« (1931).

Immaculée Conception (L') (Unbefleckte Empfängnis). »Ich mußte der Frau unter dem Vorwand einer Schönheitsoperation das männliche Geschlechtsteil amputieren.« Das unbedingt Neue in diesem gemeinsamen Gedicht von Breton und Soupault sind fünf Versuche, die Sprechstörungen verschiedener Geisteskrankheiten zu simulieren (Debilität, Manie, progressive Paralyse, Bedeutungswahn, Dementia praecox). Die Autoren wollen vor allem die Grenzen durchbrechen, die die dreiste Vernunft mit gesellschaftlichen Vorwänden zwischen Menschen und zwischen Ausdrucksformen aufrichten möchte. Fünfzehn Jahre vor der Offensive der »Art brut« werden hier die schöpferischen Kräfte des Wahnsinns erkennbar.

Inneres Modell. »In dem Glauben, daß der Mensch nur annähernd das Bild dessen abbilden könne, was ihn berührt, haben sich die Maler in der Wahl ihrer Modelle viel zu nachgiebig gezeigt. Es war ein Irrtum, zu denken, daß das Modell nur aus der Erscheinungswelt genommen, oder daß es überhaupt dort hergenommen werden könne. . . Um der heute allgemein anerkannten Notwendigkeit einer absoluten Revision der wirklichen Werte nachzukommen, wird das bildnerische Werk daher nach einem *rein inneren Modell* konzipiert werden müssen, oder es wird nicht mehr vorhanden sein« (A. Breton, 1925).

Internationale Ausstellungen des Surrealismus. Internationale surrealistische Ausstellungen haben stattgefunden: 1935 in Kopenhagen, Santa Cruz auf Teneriffa, Prag; 1936 in London; 1937 in Tokio, Osaka, Kyoto und Nagoya; 1938 in Paris und Amsterdam; 1940 in Mexiko; 1942 in New York; 1947 in Paris; 1948 in Prag und Santiago de Chile; 1959–1960 in Paris; 1960 in New York; 1961 in Mailand; 1965–1966 in Paris; 1967 in Sao Paulo, 1968 in Prag. Es ging nicht nur darum, die aus dem Surrealismus gewachsenen künstlerischen Werke auszustellen, sondern auch darum, den Geist der Bewegung in verschiedenen Teilen der Welt bekanntzumachen, da ja die mit der Zeit veränderten Verhältnisse zu besonderen Resultaten geführt haben. Darüberhinaus waren die Ausstellungsvorbereitungen im allge-

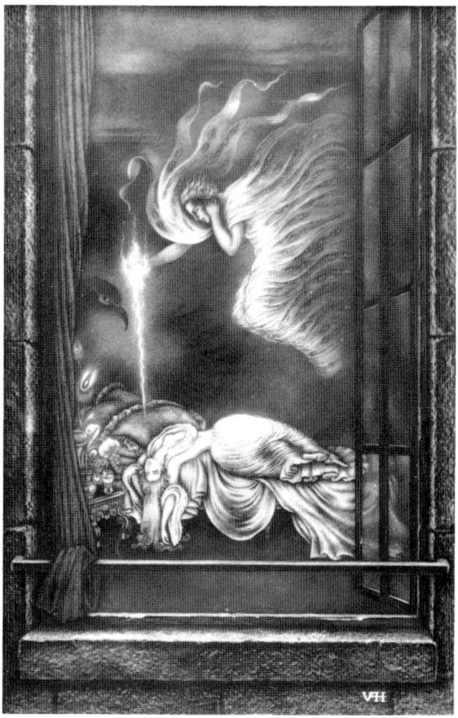

Valentine Hugo, Einband für die *Contes bizarres* von Achim von Arnim, 1932 – 1933, Zeichnung

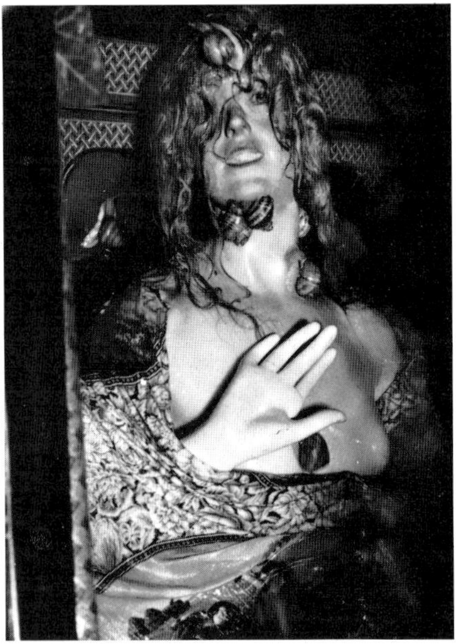

Salvador Dali, Regentaxi, Internationale Surrealisten-Ausstellung, Galerie des Beaux-Arts, Paris 1938

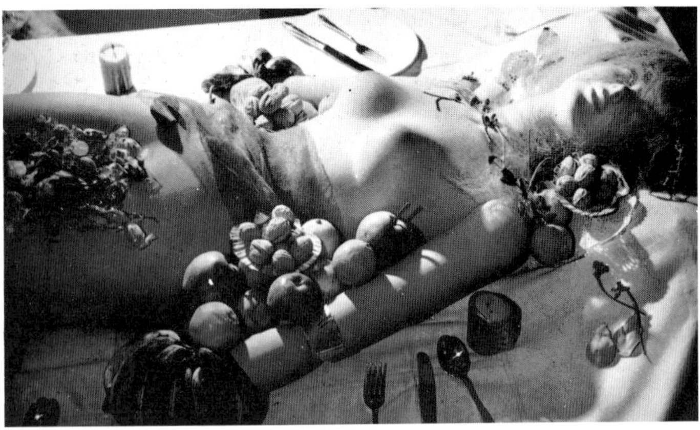

Das Kannibalen-Festmahl, Internationale Surrealisten-Ausstellung (Eros), Galerie Daniel Cordier, Paris 1959 – 1960

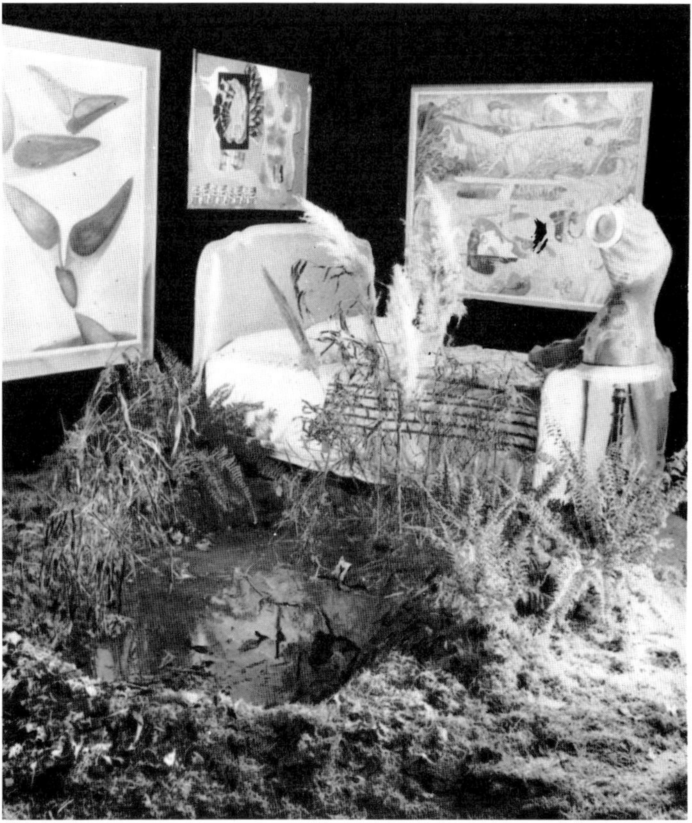

Internationale Surrealisten-Ausstellung, Galerie des Beaux-Arts, Paris 1938, Der Pfuhl. An der Wand: Bilder von Paalen, Penrose und Masson

meinen das Ergebnis einer Gemeinschaftsarbeit, die sich in einer zusätzlichen spezifischen Atmosphäre bemerkbar machte, wie sie sich die Künstler und Dichter vorstellten. 1938 in Paris spiegelten sich Laken eines zerwühlten Bettes in den Wassern eines kleinen Teiches; seltsame Schaufensterpuppen standen Spalier; der Himmel war mit 1200 Kohlesäcken beladen. 1942 hüllte ein von Duchamp gewebtes, riesenhaftes Spinnennetz die ausgestellten Werke ein. 1947 bezeichneten zwölf Altäre, mythischen Wesen geweiht, den Verlauf eines Initiationspfades. 1959 luden eine keuchende Decke und sinnliche Seufzer den Besucher ein, in die Tiefen einer grünen Grotte vorzudringen. Unter der Ägide von Fouriers »absolutem Unterschied« fand 1965 der Prozeß der Konsumgesellschaft und ihrer elenden Mythen vom Sport bis zur Astronautik statt. 1968 empfahl sich das Lustprinzip für den dann doch nur kurzen Prager Frühling.

Japan. Der 1930 einsetzenden unermüdlichen Tätigkeit des Dichters Shuzo Takiguchi (geb. 1903) verdankt der Surrealismus seine Ausbreitung in Japan. Sie berührt in erster Linie die Malerei, vor allem die Maler Harue Koga (1895 – 1933) und Ichiro Fukuzawa (geb. 1893), dann auch die jüngeren Künstler, wie Aiko, Tara Okamoto (geb. 1911), Shigeru Imai, Noboru Kitazato, R. Otsuka, Y. Shimozato und Ayako Suzuki. Isolierter stehen Jiro Oyamada (geb. 1915) und Masao Tsuruoka da mit originellen Beiträgen zu einer dem Surrealismus nahen phantastischen Kunst. 1941

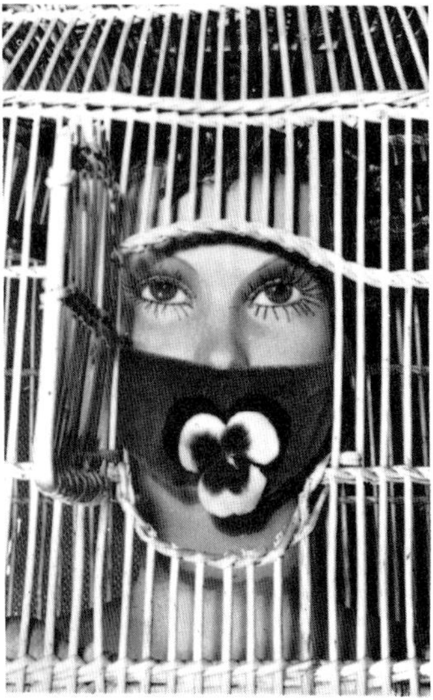

André Masson, Junges Mädchen mit grünem Knebel und Gedanken im Stiefmütterchenmund, Internationale Surrealisten-Ausstellung, Galerie des Beaux-Arts, Paris 1938

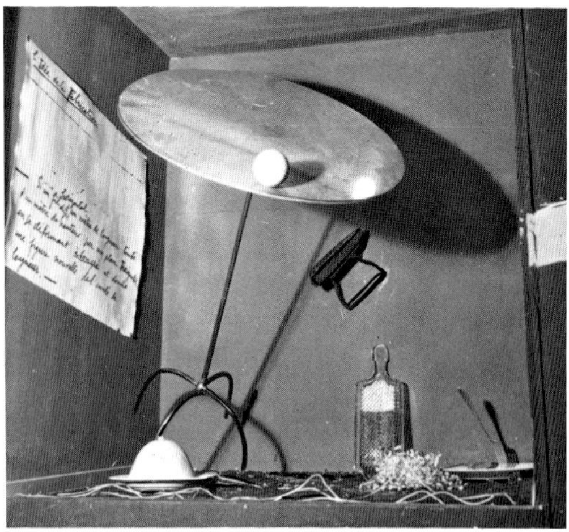

Matta, »Altar, gewidmet von Marcel Duchamp dem Herrn, der sich um die Gravität sorgt«, Internationale Surrealisten-Ausstellung, Galerie Maeght, Paris 1947

werden Takiguchi und Fukuzawa von der Geheimpolizei verhaftet, weil das militaristische Regime alles ächtet, was avantgardistisch denkt. Nach seiner Befreiung beteiligt sich Takiguchi am surrealistischen Studienkreis, der von dem marxistischen Theoretiker Jun Tozaka insgeheim organisiert wird. Mit dem Vorschlag einer Art dialektischen Synthese von abstrakter Kunst und Surrealismus trägt Okamoto nach Kriegsende erheblich zum Wiederaufschwung der Avantgarde in Japan bei. Die Gruppe der Künstler Genpai Akasegawa, Shusaku Arakawa (geb. 1936), On Kawara (geb. 1933), Tetsumi Kudo (geb. 1935) geht einen Kompromiß zwischen Surrealismus und Dada ein. Kunstkritiker und Dichter, unter denen Koichi Ijima *(Der Himmel der Anderen,* 1952) am bemerkenswertesten ist, rufen einen neuen surrealistischen Studienkreis ins Leben. Jun Ebara untersucht dort die Beziehungen zwischen Surrealismus und Kommunismus. Seit 1960 malt Takiguchi in einer Art automatischer Kalligraphie. Tatsuo Ikeda ist ein bemerkenswerter Zeichner, der an Brauner erinnert. Isao Misutani entfaltet eine fratzenhafte, inspirierte Phantasie. Hiroshi Nakamura (geb. 1932) verbindet einen gewissen Pop-Geist glänzend mit wirklicher visonärer Stärke. Surrealistisch ist der Film Kobo Abe (La Femme du sable), der Tanz von Tatsumi Hijikata und Juro Karas Experimentaltheater. Schließlich kam es zu dem größten kulturellen Skandal im Nachkriegsjapan, als Akasegawa angeklagt wurde, die Darstellung einer japanischen Banknote ausgestellt zu haben (1967). »In dieser Handlung«, schreibt Takiguchi »vereint der Ausdruck sich kategorisch mit einer *Aktion* im eigentlichen Sinne. Auf diese Weise hat der schwarze Humor sich gegen das Geldsystem und damit gegen die herrschende Vorstellung von Kunst gewehrt.«

Jarry, Alfred (Laval 1873 – Paris 1907). »Horngidouille! Wenn wir nicht auch noch die Ruinen zerstören, haben wir nicht alles zerstört!« Der Urheber des *Ubu Roi* ist auch der Verfasser der beunruhigenden symbolischen Gedichte *Minutes de sable mémorial,* der prophetischen Konfrontation des Menschen und der Maschine in *Le Surmâle* (dt. *Der Supermann,* 1969), der mystischen und erotischen Spekulationen in *L'Amour absolu,* der chiffrierten Odyssee des Dr. Faustroll (dt. *Heldentaten und Lehren des Dr. Faustroll* [*Pataphysiker*] 1969) und anderer, unergründlicher und einzigartiger Werke. Allein Lautréamont kann ihm den ersten Platz im surrealistischen Pantheon streitig machen.

Jean, Marcel (La Charité-sur-Loire 1900). Von 1933 bis 1951 trug er zur surrealistischen Produktion mit scharfen, wie ausgeschnitten erscheinenden Radierungen und Zeichnungen bei *(Sterben für das Vaterland,* 1935), außerdem in Zusammenarbeit mit A. Mezei durch seine kritischen Untersuchungen (*Maldoror,* 1947; *Histoire de la peinture surrealiste,* 1959; dt. *Geschichte des Surrealismus,* 1961).

Jouffroy, Alain (Paris 1928). »Die meisten Menschen gestehen sich nicht ein, daß sie Revolutionäre sind.« Nachdem Jouffroy von 1946 bis 1948 in der surrealistischen Bewegung war, wird er ein Kunstkritiker (*Eine Revolution der Sehweise,* 1964) auf dessen

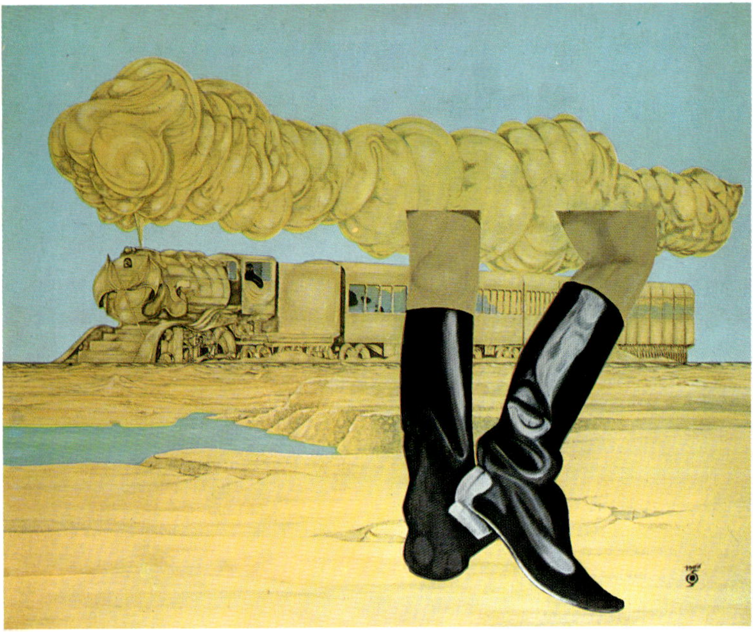

Hiroshi Nakamura, Stiefel und Zug, 1966. Im Besitz des Künstlers

Einschätzung man etwas gibt. Der für Schauder erregende Empfindungen empfängliche Dichter macht jedoch mitunter Zugeständnisse an die Beredsamkeit *Aube à L'antipode (Morgenröte bei den Antipoden).* Seit dem Tode Bretons bemüht er sich um die posthume Versöhnung zwischen diesem und dem anscheinend immer noch lebendigen Aragon.

Jugoslawien. Der Dichter Marko Ristić (geb. 1902) ist seit 1924 der Wegbereiter des Surrealismus in Jugoslawien. 1926–1927 nimmt er in Paris Verbindung zu Breton und seinen Freunden auf. Nach Belgrad zurückgekehrt, wird er eigenständig surrealistisch aktiv. Sein Sprachrohr ist ab 1930 die Zeitschrift *Nemoguié (Das Unmögliche).* Vor allem Schriftsteller liefern Beiträge. Es gibt nur einen einzigen Maler unter den jugoslawischen Surrealisten, Radojica Zivanovic-Noe (1903–1944), dessen wenige Werke eine starke Traumintensität besitzen. Aber das weist nicht auf fehlendes Interesse für das bildnerische Medium, ganz im Gegenteil, denn die meisten Dichter machen Collagen, so Vane Bor (geb. 1908), Ristić, Dušan Matic (geb. 1898) und Aleksandar Vuco

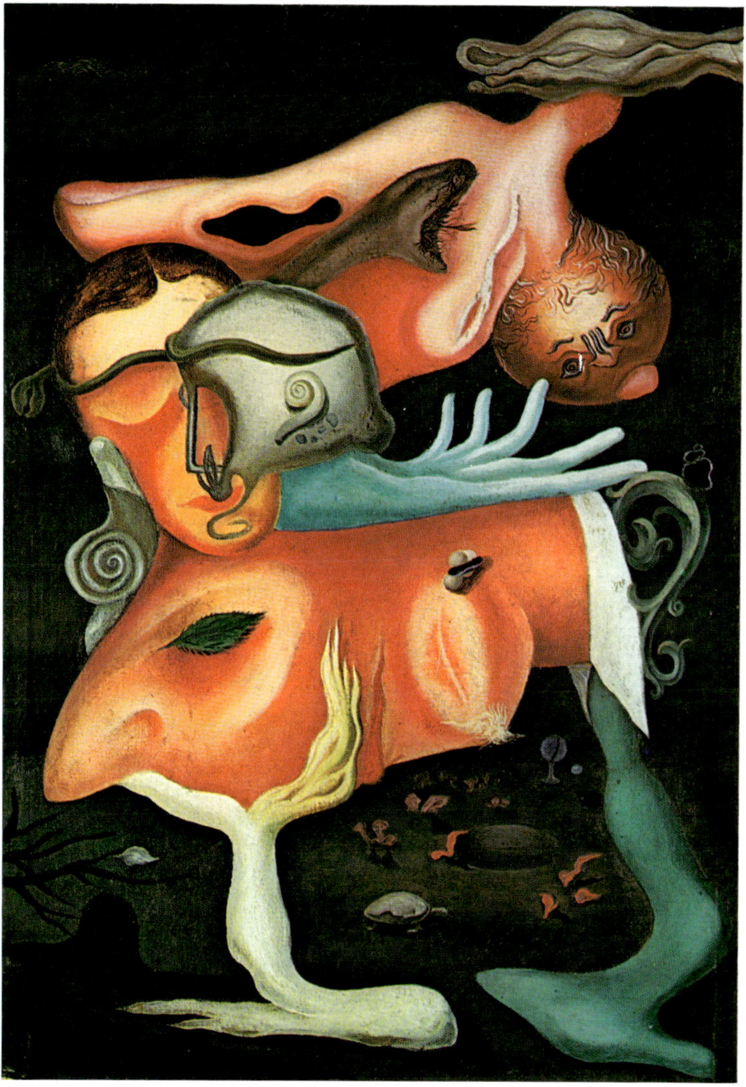

Radojica Zivanovic-Noe, Die Erscheinung im Rauch, 1932. Privatsammlung

(geb. 1897); die genannten haben zudem unverkennbar Sinn für die Photomontage der Berliner Dadaisten. Zu einem interessanten Experiment wird 1932 die »paranoische« Deutung einer abgebröckelten Mauer: daran beteiligen sich neben Bor und Zivanovic-Noe auch Milan Dedinac (1902–1966) und Rastko Petrović (geb. 1898–1949). Oskar Davičo (geb. 1909) und Djordje Kostić (geb. 1909) suchen wie ihre Freunde die Auseinandersetzung mit der Malerei als einem von der Poesie zu erobernden Territorium. Der jugoslawische Surrealismus wurde in der Folge politisch ausgerichtet, wodurch viele Mitglieder zum Widerstand gehörten und später zu Marschall Titos Anhang zählten: Koča Popović, nacheinander Generalstabschef, Außenminister und Vizepräsident; Ristić, Botschafter in Paris, usw.

Kanada. 1944 schreibt Breton in Gaspé in Québec *Arcane 17.* Dort erreicht ihn auch die Nachricht von der Befreiung von Paris'. In Kanada nimmt Breton keine Verbindung auf mit der um Paul Borduas (1905 – 1960) gesammelten Gruppe der »Automatisten«. Dieser hatte seit 1941 die Emanzipation durch den Automatismus dem dekorativen Manierismus Alfred Pellans (geb. 1906) entgegengestellt, der seinerseits aber auch vom Surrealismus beeinflußt ist. Man ergibt sich mit mehr oder weniger glücklichem Erfolg in der Gruppe um Borduas der »automatistischen« Trunkenheit; beteiligt sind dabei: Marcel Barbeau (geb. 1925), Marcelle Ferron (geb. 1924), Pierre Gauvreau (geb. 1922), Fernand Leduc (geb. 1916), Jean-Paul Mousseau (geb. 1927), Jean-Paul Riopelle (geb. 1923). 1948 markiert die Veröffentlichung von *Refus global (Totale Weigerung),* einem sehr heftigen Text, den Höhepunkt des kollektiven Handelns der »Automatisten«. Es kommt nämlich zu Mißhelligkeiten und Zwist in der Gruppe, als Borduas die Surrealisten beschuldigt, an der Arbeit mit dem Traum festzuhalten. Nur Riopelle nimmt von 1947 bis 1950 an den surrealistischen Aktivitäten in Paris teil. 1953 wendet sich Borduas selbst vom Automatismus ab. Jean Benoit und Mimi Parent, Schüler von Pellan, beteiligen sich seit 1959 an surrealistischen Unternehmungen.

Kanarische Inseln. Auf den Kanarischen Inseln entwickelt sich ab 1931 eine surrealistische Gruppe um die von Eduardo Westerdahl geleitete *Gaceta de Arte:* die Dichter Domingo Pérez Minik, Domingo Lopez Torres, Pedro Garcia Cabrera, Agustin Espinoza und der Maler Oscar Dominguez gehören dazu. Dominguez kommt nach Paris und seine Verbindung zum Surrealismus erleichtert den Austausch (1934). Die *Gaceta de Arte* veranstaltet 1934 eine Internationale Surrealistenausstellung in Santa Cruz auf Teneriffa und lädt Breton und Péret aus diesem Anlaß auf die Kanarischen Inseln ein. 1936 stellt sich der Gouverneur der Kanarischen Inseln, General Franco, an die Spitze der Rebellion gegen die spanische Republik. Minik und Torres werden erschossen, Cabrera wird nach Rio de Oro in der spanischen Sahara deportiert. Nur Dominguez gelingt es, zu fliehen und nach Frankreich zurückzukehren.

Kiesler, Frederick (Wien 1896 – New York 1966). Er hat das »Haus ohne Ende« erfunden, das sich an organischen Formen inspiriert und »inneren Frieden« geben soll. Als 1942 in New York nach seinen Plänen die Galerie Art of This Century ausgebaut wird, kommt er mit den Surrealisten in Berührung. Als Vertreter einer dem Funktionalismus entgegengesetzten »magischen Architektur« (*Manifest des Korrealismus,* 1949) inszeniert er 1947 die Internationale Surrealistenausstellung in der Galerie Maeght. Unter den Zeitgenossen kann er als der wichtigste surrealistische Architekt gelten.

Klapheck, Konrad (Düsseldorf 1935). Aus Protest gegen die alles überschwemmende Mode des »Informel« malt er mit zwanzig Jahren eine Schreibmaschine haargenau ab. Damit kommt er der Pop Art um fünf und dem Hyperrealismus um zehn Jahre zuvor. Aber er merkt sofort, daß dieser zunächst willkürlich eingeschlagene Weg tatsächlich den richtigen Ausdruck seiner Subjektivität gestattet, und daß die Maschinen des Alltagslebens die Wünsche und das Verhalten perfekt in mimische Vorstellung bringen. So vertritt die Schreibmaschine den Vater, die Nähmaschine die Mutter, die Wasserhähne und Duschen den Sex-Appeal, die Fahrradklingeln die Kindheitserinnerungen, das Telephon das Über-Ich. Das ist nicht Sache einer willkürlichen Entscheidung, sondern es beruht auf einer Symbolik, die den Künstler spontan erfaßt. Denn unter der eisigen Pracht der Klapheckschen Bilder brodeln ununterdrückbare Leidenschaften. Seine ersten Kontakte zu den Surrealisten gehen auf das Jahr 1960 zurück, und er weiß sehr wohl, weshalb er sich als einen der ihren betrachtet. Im übrigen steht er Tanguy näher als Magritte,

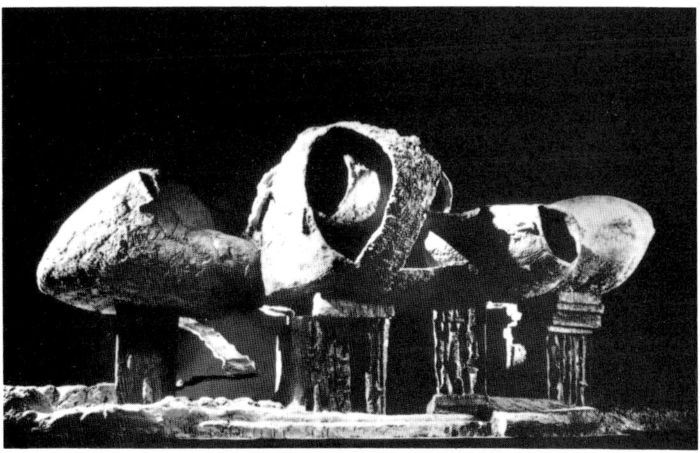

Frederick Kiesler, Das endlose Haus, 1960, Modell

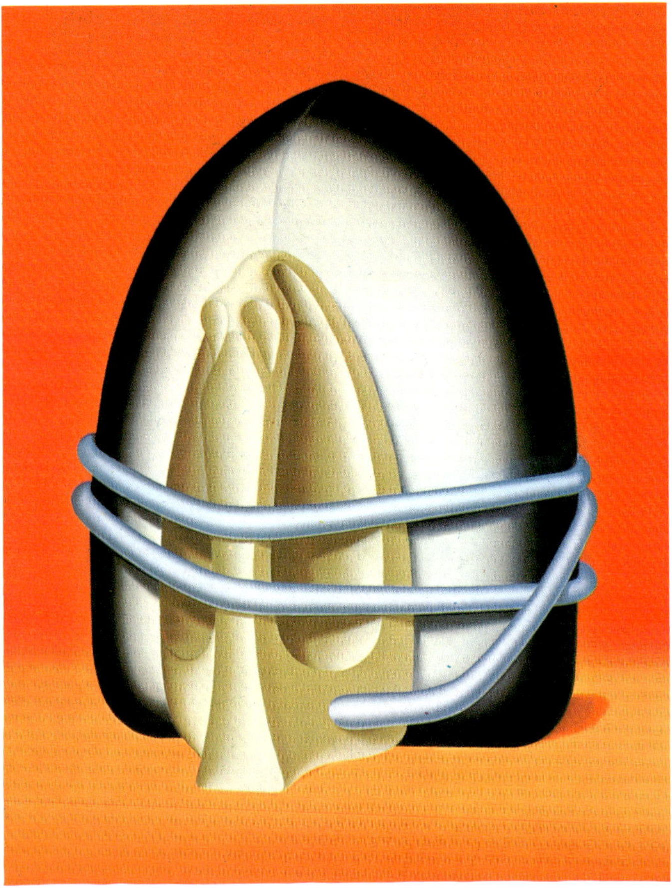

Konrad Klapheck, Die Geisel, 1966. Sammlung José Pierre, Paris

schon dadurch daß er einen strengen Maßstab anlegt und nur Formen von unbeugsamer Schönheit wählt.

Kritische Paranoia. Ab 1929 entwickelt Dali seine Theorie der *kritischen Paranoia.* Diese entleiht der klinischen Paranoia einen charakteristischen Zug, den Bedeutungswahn, und nimmt sich vor, diesen nicht nur auf die dichterische und künstlerische Produktion, sondern auch auf die Lösung von Alltagsproblemen anzuwenden. Dabei versteht es sich, daß diese Tätigkeit nur bis zu einem gewissen Punkt wahnhaft ist und der Kontrolle durch Intelligenz und Willen unterworfen bleibt. Das sind die Auflagen und die Grenzen des Systems: weil er weiß, daß er seine Vernunft bei der Sache nicht aufs Spiel setzt, kann Dali ungestraft seine geringsten psychologischen oder physiologischen Verschrobenheiten entzünden. Seine Handlungen, seine Texte und auch seine Bilder registrieren die gewollte Überspanntheit.

Lagarde, Robert (Béziers, 1928). Als virtuoser Zeichner entwickelt er komplexe Verzerrungen und knotige Wurzeln in einem neutralen Raum, der ganz sein eigener ist. Der Automatismus mündet bei ihm nicht ins Beschwingte, er führt auch nicht zu einem kosmischen Bewußtsein, sondern zu inneren Gärten, deren ziselierte Blüten immer an Korallenriffe denken lassen.

Laloy, Yves (Rennes, 1920). Nachdem er mit dem Bild *Grand Casque* (1959) den Durchbruch geschafft hat, nimmt seine Malerei einen Aufschwung und zwar in drei Richtungen: einerseits verstärkt sich dabei seine phonetische Kabbalistik eine auf Analogie beruhende Symbolik (*Les Petits poits sont verts – les Petits poissons rouges* [*Die Erbsen sind grün – Die kleinen Goldfische sind rot*]); andererseits wird eine zweite Entwicklung von Kurven markiert, deren dynamische Lyrik thematisch von der Unterwasser-Fauna und -Flora ausgeht; die dritte Entwicklung schließlich wird von den geraden Linien bestimmt und von Kreisen skandiert; in ihr dominiert die Sägeform der Dreieckswälder.

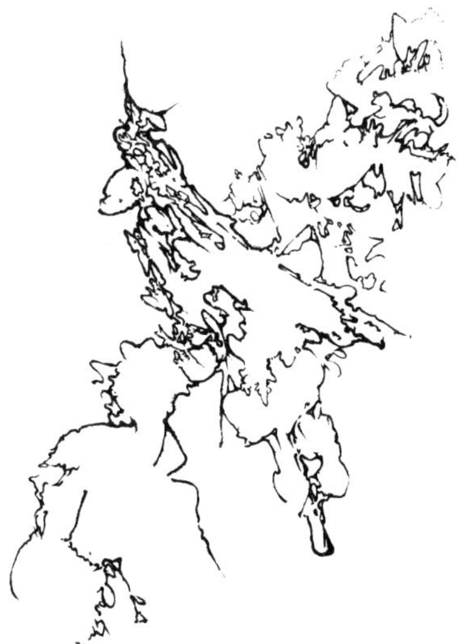

Robert Lagarde, Tintenzeichnung, 1960. Privatsammlung, Paris

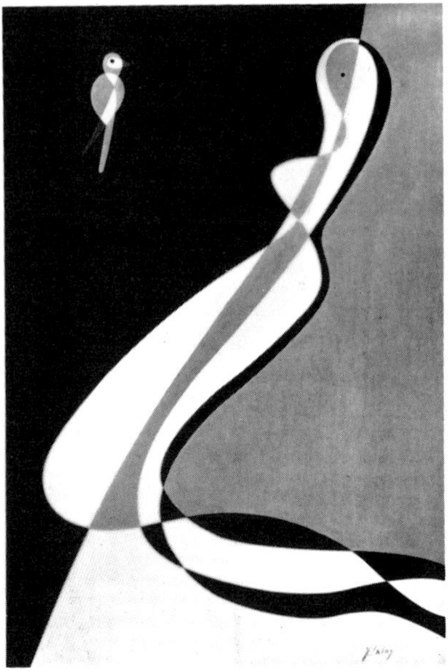

Yves Laloy, Frau und Vogel, 1971. Privatsammlung, Paris

Lam, Wifredo (Sagua la Grande, Kuba, 1902). »In einer Zeit wie der unseren wäre man nicht überrascht, die hier mit Hörnern ausgestatteten ›Loa Kreuzung‹ – in Kuba Eleggua – überall zu sehen, die auf die Türflügel bläst« (A. Breton). Mit der ›Loa Kreuzung‹, der Liebesgöttin Erzulie oder dem Kriegsgott Ogun Schrott zieht seit 1942 die ganze Mythologie des haitischen Wodu in die Bilder des Künstlers ein. Lam, der von sehr alten Kulturen abstammt (afrikanisch durch seine Mutter, chinesisch durch seinen Vater), entdeckt damals, daß er das ganz nahe Repertoire des Wodu in sich mit der fernen Inbrunst dieser Kulturen widerhallen lassen kann. Außerdem hatten Breton und die Surrealisten ihn ermuntert, ganz seinen Eingebungen zu folgen, seit er 1940 in Marseille mit ihnen zusammenkam und an ihren Spielen und Interessen teilnahm. Die Selbstentdeckung Lams geschieht auch im Zeichen eines berühmten Gemäldes aus dem Jahre 1943, *Der Dschungel* (New York, Museum of Modern Art), auf dem sich eine spektakuläre Verschmelzung der tropischen Vegetation mit dem Menschen vollzieht. Nun kann die glühende Kavalkade der Lüste über seine Leinwände hinstürmen und ihr Ungestüm mit der geflügelten Schnelle der Begierden kreuzen: in dieser Malerei ist alles – besonders nach der Haiti-Reise (1947) – nur noch Wiehern, aneinander reibende Federn, wilde Schwünge, gestählte Pfeile, Vogelschreie, zum Zerreißen erhobene Klauen und Hörner. Selten hat sich das Universum der Instinkte so spontan in seiner zerfleischenden Wirklichkeit wie in seiner zarten Frische gezeigt. Gerade das, was dem Mann von Vernunft als Ausgeburt von Hölle und Schrecken erscheint, erweist sich als der tiefe Ursprung der Schönheit und des vitalen Gleichgewichts. Gewiß, die oft stumpfen Farben geben zu verstehen, daß dies alles seinen freien Lauf am liebsten bei Anbruch der ·Nacht nimmt, zwischen Hund und Wolf, oder aber im Morgengrauen, wenn die Gipfel fahl werden und die Blumen sich öffnen. Mit einem Strich so rein wie ein Steinwurf zeichnen sich dann die Bahnen der Gelüste, dann glänzen die Augen, dann werden die Taillen schlanker, dann verlängern sich die Klauen, dann reift die Geilheit: in dem verschleierten Licht, daß durch die Akkorde der lebhaften Farbhöhungen gesteigert wird, bereitet sich Lams Universum auf die Liebe vor.

Lautréamont, Isidore Ducasse, *genannt* Comte de (Montevideo 1847 – Paris 1870). »Ich halte es für den schönsten Ruhmestitel der surrealisti-

Wifredo Lam, Altar für »Das Haupthaar von Falmer« aus den *Gesängen Maldorors,* 1947

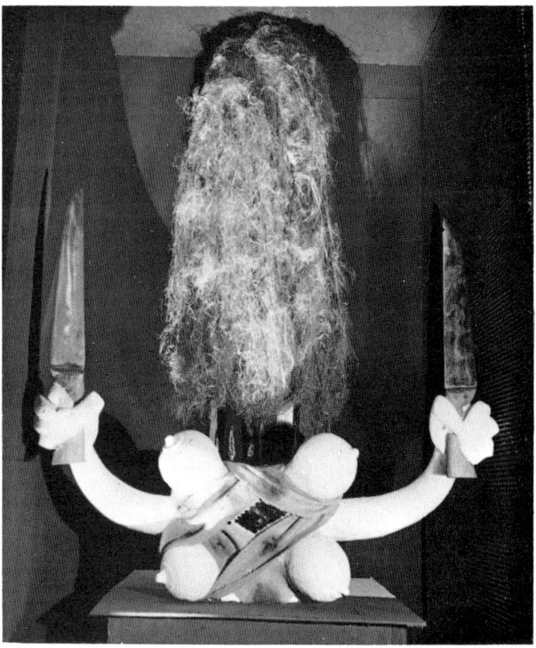

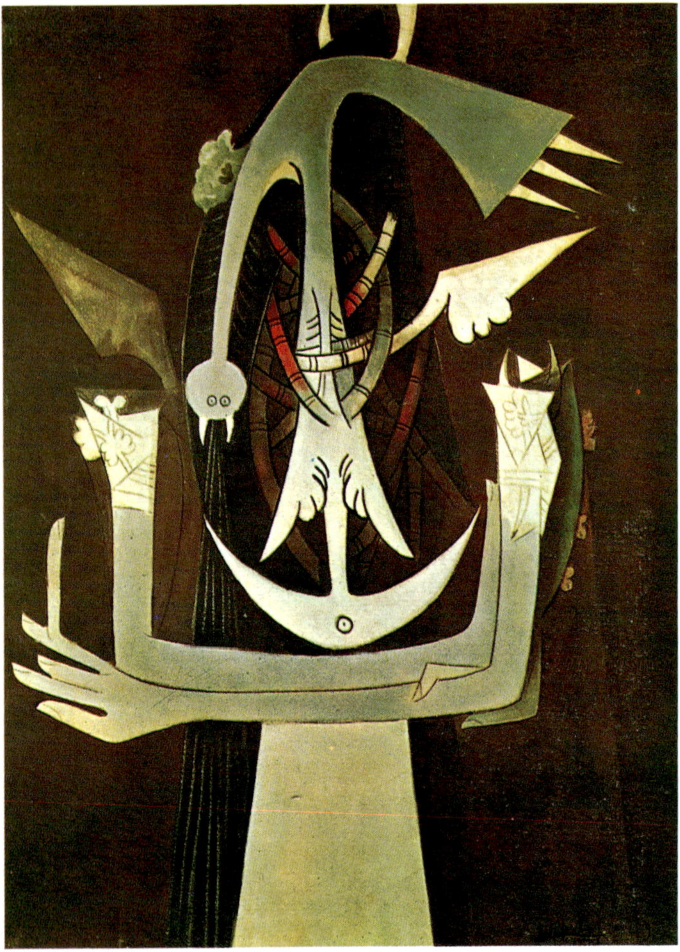

Wifredo Lam, Luguando Yembe, 1950. Privatsammlung, Paris

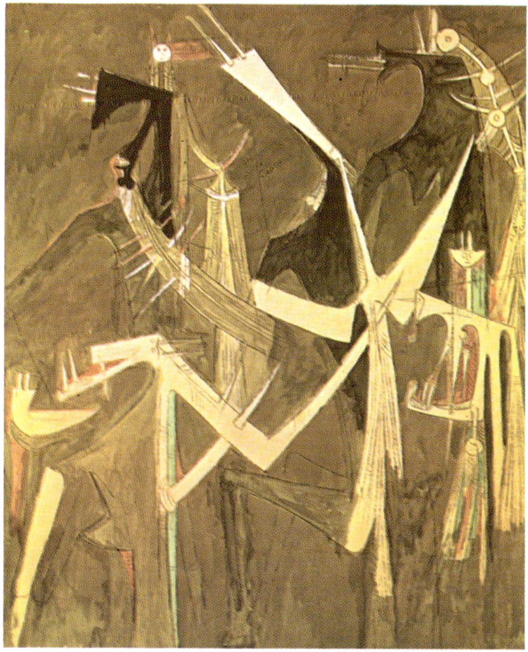

Wifredo Lam, Wir warten, 1963, Privatsammlung

Wifredo Lam, Wendekreis des Steinbocks, 1961.
Sammlung Sonja Henie

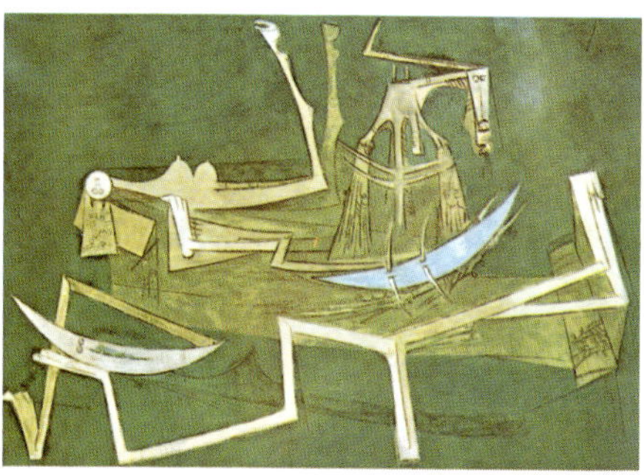

schen Gruppe die Bedeutung des großartigen Lautréamont jenseits aller Literatur erkannt und verkündet zu haben« (A. Gide). 1918 entdecken Aragon, Breton und Soupault die *Gesänge Maldorors* und die *Dichtungen.* Kein anderer Dichter steht bei den Surrealisten in einem solchen Ansehen wie Lautréamont. Er ist das entscheidende Vorbild, das sie befähigt, einerseits auch die Erfahrung zu erkennen, aus der die *Gesänge Maldorors* resultieren, und andererseits mit der Dialektik umzugehen, die dieses Werk mit den *Dichtungen* verbindet, obwohl sie scheinbar negiert wird.

Lebel, Jean-Jacques (Paris 1936). Zwischen 1956 und 1959 kommt er mit den Surrealisten zusammen. Dann führt er das Happening in Frankreich ein und organisiert später unermüdlich politische Protestaktionen. Er ist nur in seinem Element, wenn er sich über die Trennwände der Gruppeninteressen und Losungen hinwegsetzen kann.

Lebel, Robert (Paris 1904). »Von der Terrasse eines Cafés an der Kreuzung zweier Boulevards, wo ich oft sitze, genieße ich einen Blick in die Tiefe, der es mir gestattet, Wunderdinge nicht nur zu schauen, sondern von weitem schon kommen zu sehen.« Seit den New Yorker Jahren mit dem Surrealismus verbunden, läßt Robert Lebel seinen sanften und scharfen Blick über die Menschen und die Dinge schweifen, die uns die sibyllinischen Erzählungen in *L'Oiseau caramel (Der Karamellvogel)* (1970) und auch seine Schriften über die Kunst eingebracht haben, darunter das außergewöhnliche Buch *Sur Marcel Duchamp* (1959) – die eingehendste Studie über diesen Künstler.

Legrand, Gérard (Paris 1927). »Meine Augen werden sich schließen – Bevor das menschliche Ungeziefer – Auf den Sternen gelandet sein wird.« Seit 1948 mit dem Surrealismus verbunden, ist Legrand der Dichter der Fülle des Augenblicks *(Des pierres de mouvance [Steine der Unruhe],* 1953; *Marche du Lierre* [Efeuweg], 1969), aber auch der Denker, der besser als andere klar gemacht hat, was den Surrealismus mit den griechischen Vorsokratikern verbindet (*Préface au système de l'éternité* [*Vorwort zum System der Ewigkeit*], 1971).

Leiris, Michel (Paris 1901). »Die ursprüngliche Quelle wiederfinden.« Es war Leiris, der 1925 auf dem Bankett zu Ehren von Saint-Pol-Roux fast gelyncht worden wäre, weil er ausgerufen hatte: »Nieder mit Frankreich! Es lebe Deutschland!« Entsprechend scheint das ganze Werk Leiris' von einem Ort fern des alltäglichen Lebens zu kommen, wo aber die elementarsten körperlichen Empfindungen eine unerwartete Lebhaftigkeit, eine neue Resonanz gewinnen, ob es sich nun um Gedichte (*Haut Mal* [*Epilepsie*], 1943), um Traumerzählungen (*Aurora),* 1946 oder um Erinnerungen handelt (*L'Age d'homme* [*Das Mannesalter*], 1938; *La Règle du jeu* [*Die Spielregel*], 3 Bde., 1948–1966). Seine pathetische Anstrengung, den Grund der Wahrheit zu finden und von dorther den Marsch von der Revolte zur Revolution zu beschreiben, macht Leiris' Werk heute höchst vorbildlich.

Le Maréchal (Paris, 1928). In seinen Radierungen und Bildern schildert er ein Wuchern wie von Schwammkorallen, das die Städte und Landschaften und ihr Äußeres zernagt. Mit dieser Konzeption hat er seit 1957 das Interesse der Surrealisten erregt.

Limbour, Georges (Courbevoie 1900 – Spanien 1970). »Meine Glieder werden in der Helligkeit der Nacht neu wachsen.« Ein Dichter aus dem Geschlecht Apollinaires und Max Jacobs (*Soleils bas* [*Niedrige Sonnen*], 1924), erweist er seine Fähigkeiten in kostbaren und duftigen Erzählungen (*L'Illustre cheval blanc* [*Das berühmte weiße Pferd*], 1930; *L'Enfant polaire,* 1945) und im Roman (*La Chasse au mérou* [*Die Barschjagd*], 1963).

Luca, Gherasim (Bukarest 1913). »Das seiner Leere entleerte Leere ist das Volle.« Zusammen mit Trost führt er seit 1941 die rumänische Surrealistengruppe an, bis er 1948 sich in Paris niederläßt. Er betreibt bis an das Absurde grenzende Studien über die Klangeigenschaften der Sprache (*Héros-limite,* 1953–1970). Analog dazu untersucht er im bildnerischen Bereich die Rolle des Zufalls in der Malerei (*Cubomanie,* 1945). Unter anderem empfiehlt er lebhaft die »unbeschränkte Erotisierung des Proletariats«.

Mabille, Pierre (1904–1952). Der Arzt und Psychologe erfand den »Dorftest«. Sein Beitrag zum Surrealismus war seine auf esoterischen Kenntnissen fußende immer wache Neugier. Sein *Miroir du merveilleux (Spiel des Wunderbaren)* (1940) ist ein erregender Streifzug in die grenzenlose Domäne der Begierde.

Magloire-Saint-Aude, Clément (Port-au-Prince, Haiti, 1912). »Ich steige herab, mit Zaudern, ohne Landmarken – Gedämpft, wattiert, gelobt – auf die Ebene der Pole. . .« Das Wesentliche von Magloire-Saint-Audes Werk ist in drei schmalen Bänden zusammengefaßt: *Diaglogue de mes lampes (Dialog meiner Lampen), Tabou (Tabu),* (1941), *Déchu (Gefallen)* (1956). Seine Dichtung ist in ihrer Art selten und geheimnisvoll.

Magritte, René (Lessines 1898 – Brüssel 1967). Die Entdeckung einer Reproduktion des *Liebesgesanges* von Chirico 1922, sollte Magrittes Weg in der Folge entscheiden. Tatsächlich wirken drei Jahre später seine ersten Bildfindungen wie die Fortsetzung der »metaphysischen Interieurs« des italienischen Malers. Ein etwas theatralischer Raum wird hier zum Rahmen eigenartiger und täuschender Begegnungen. Aber fast unmittelbar danach macht sich Magritte an eine systematische Befragung der Quellen bildnerischer Darstellung, die außerdem mit den Möglichkeiten der Sprache konfrontiert werden. Magrittes Bilder bieten Antworten an auf Fragen wie: Warum sollte eine Statue nicht bluten? Warum sollte eine Fensterscheibe nicht ein und dasselbe sein wie eine Landschaft, die man durch sie hindurch wahrnimmt? Warum kann eine beliebige Form nicht auch diesen oder jenen bestimmten Gegenstand bezeichnen? Was ist der Unterschied zwischen einem Gegenstand und seiner die Augen täuschenden Darstellung? Und, auf eine allgemeinere

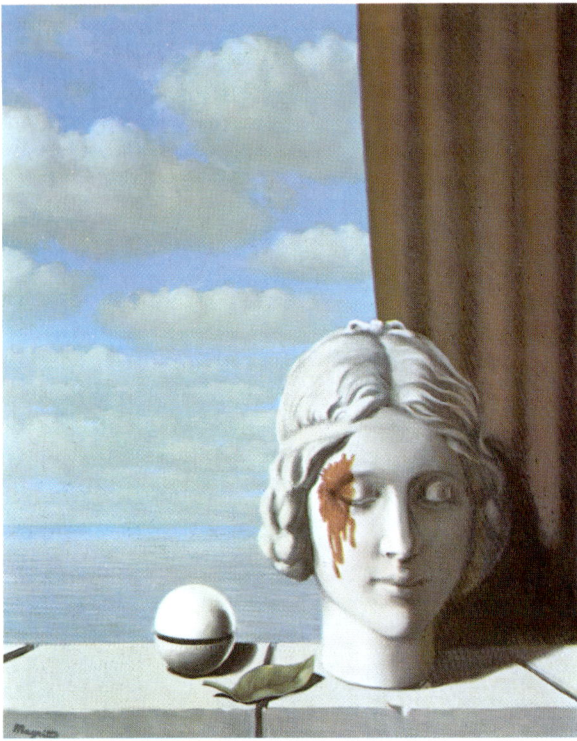

René Magritte, Das Gedächtnis, 1948.
Sammlung der Administration des Beaux-Arts, Brüssel

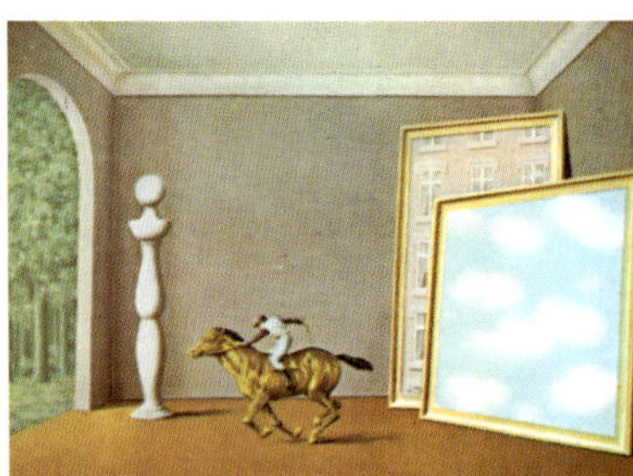

René Magritte, Die Kindheit des Ikarus, 1960. Sammlung Alan H. Kempner, New York

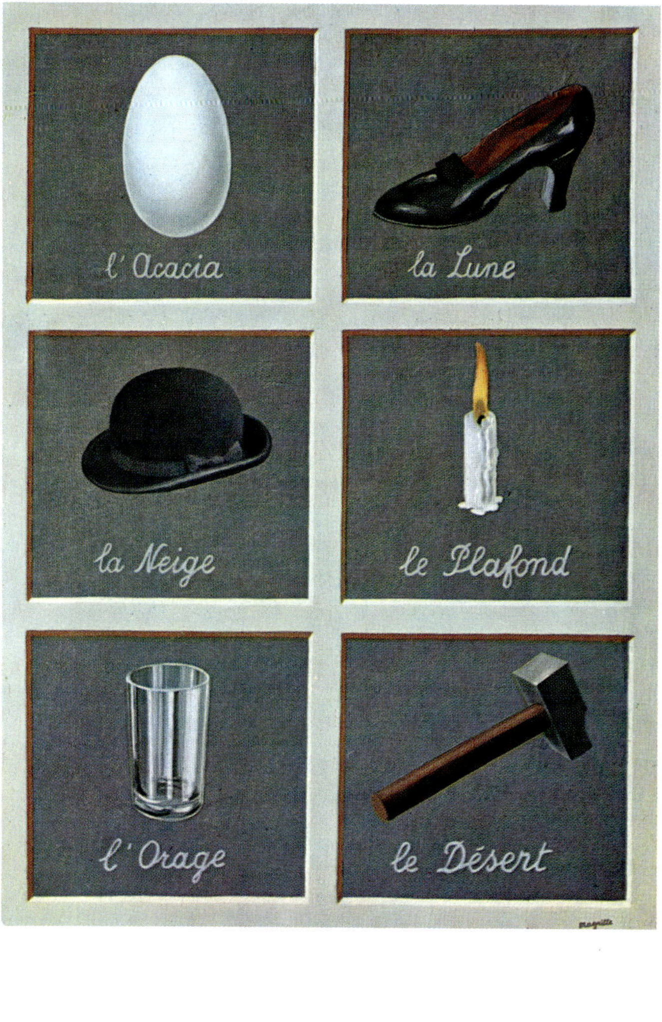

René Magritte, Der Schlüssel der Traumbilder, 1930. Sammlung Claude Hersaint

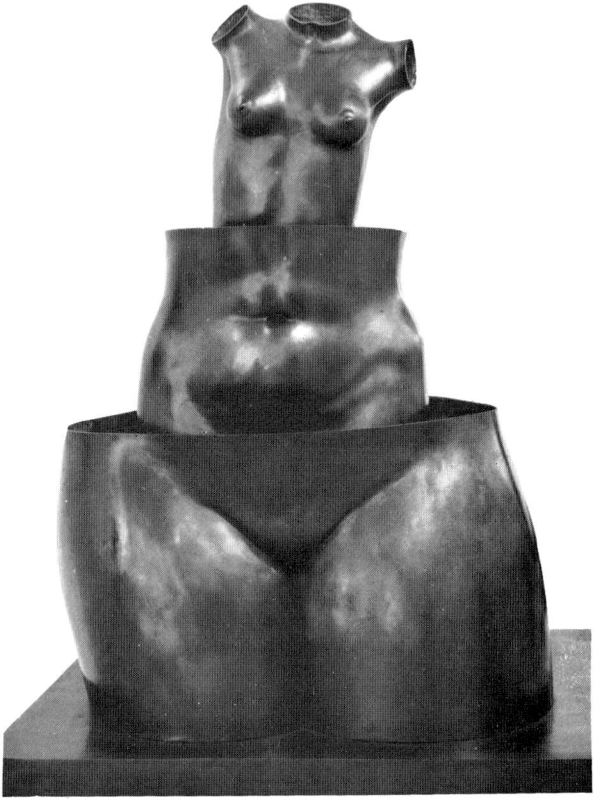

René Magritte, Größenwahn, 1967, Bronze. Galerie Iolas, Paris

Weise: Warum soll uns die Malerei nicht davon überzeugen können, daß bestimmte Dinge möglich sind, die wir bisher für unmöglich hielten? Ein solches Vorhaben, das mit einer äußerst kohärenten Logik vorgeht, hat Magritte frühzeitig zu einer deskriptiven, unauffällig getreuen Abbildtechnik geführt, dazu geeignet, die abgebildeten Elemente mit der notwendigen Unpersönlichkeit zu versehen. Jeder sollte mühelos die Gegenstände der Szene wiedererkennen können ebenso die Evidenz ihres absurden Zwiegesprächs. Magrittes Malerei arbeitet daher in erster Linie mit der Wirksamkeit seiner Technik, und man kann von seinen Bildern nur dann sagen, daß sie gut sind, wenn sie die gewünschte Wirkung hervorrufen. Das geht jedoch in vielen Bildern und Zeichnungen nicht ohne eine gewisse Mittelmäßigkeit des äußeren Erscheinungsbildes ab. Es gibt allerdings bewunderswert gemalte Bilder von Magritte, die aussehen, als habe das Lyrische des Themas den Maler der freiwilligen grauen Eintönigkeit und der militanten Ungeschicklichkeit entrissen, zu der er sich für gewöhnlich zwingt. Auf der anderen Seite kann man allerdings keinen spürbaren Fortschritt in seinem Werk wahrnehmen. Mit Ausnahme einer kurzen »Rückkehr« zum Impressionismus gegen 1943 – 1946, der »Sonnenlicht«-Zeit und der anschließenden karikaturistischen »gemeinen« Phase im Jahre 1948 hat Magritte seit seinem Anschluß an den Surrealismus 1927 unterschiedslos, so will es scheinen, Meisterwerke und mittelmäßige Bilder gemalt, aber in den einen wie in den anderen ist er vierzig Jahre lang dem strengen und einzigartigen Weg treu geblieben, den er sich abseits aller Moden gewählt hat.

Malkine, Georges (Paris 1898 – Paris 1969). Er war Mitglied der ersten Surrealistengruppe und malte zwischen 1926 und 1933 Bilder, die nicht ohne Reiz waren. Aber die Reiselust trug zumindest für einige Zeit den Sieg davon, und erst 1966 sah man von seiner Malerei wieder etwas in Paris.

Mandiargues, André Pieyre de (Paris, 1909). »Ich sehe dich hinter diesem roten Blick – In dem fröstelnden Augenblick deiner Nacktheit – Umringt von Binsen, von Goldamseln und Forellen.« Mandiargues gehört ab 1947 zu den Surrealisten. Seine kostbare, morbide und feierliche Schreibweise besticht gleichermaßen in der Dichtung (*Dans les années sordides* [*In den schmutzigen Jahren*], 1943; *Astyanax,* 1957), in der Erzählung (*Soleil des loups* [*Sonne der Wölfe*], 1951); im Roman (*La Motocyclette,* 1963, dt. *Das Motorrad,* 1967) wie in der Kunstkritik.

Manifeste des Surrealismus. Hauptthema im ersten *Manifest* (1924) sind die revolutionären Konsequenzen des automatischen Schreibens. Das *Zweite Manifest* (1929) unterstreicht die Gefahren, die dem Surrealismus von der Aufgabe revolutionärer Positionen drohen, und erschließt der Bewegung zugleich neue metaphysische Perspektiven (den »äußersten Punkt«). Die *Prolegomena zu einem dritten Manifest des Surrealismus (oder nicht)* (1942) distanzieren sich von surrealistischen Schablonen und vom Schlendrian, andererseits preisen sie die Vorzüge der »Opposition« gegen jeden alten oder zukünftigen Dogmatismus. *Vom Surrealismus in seinen lebendigen Werken* (ein Wortspiel mit der nautischen Bedeutung: *den unter Wasser liegenden Schiffsteilen* (1953) erinnert an den fundamentalen Antagonismus zwischen Surrealismus und Literatur und legt den Nachdruck auf den Platz, den dieser der Liebe und der dichterischen Analogie einräumt.

Mansour, Joyce (Bowden, England, 1928). »Sie kennen nicht mein Nachtgesicht – Meine Augen wie Pferde trunken mit Raum – Mein Mund buntscheckig mit unbekanntem Blut . . .« Schon mit ihrem ersten Gedichtband (*Schreie*, 1952) hat Joyce Mansour eine beschwingte schwarze Raserei in die surrealistische Dichtung einge-

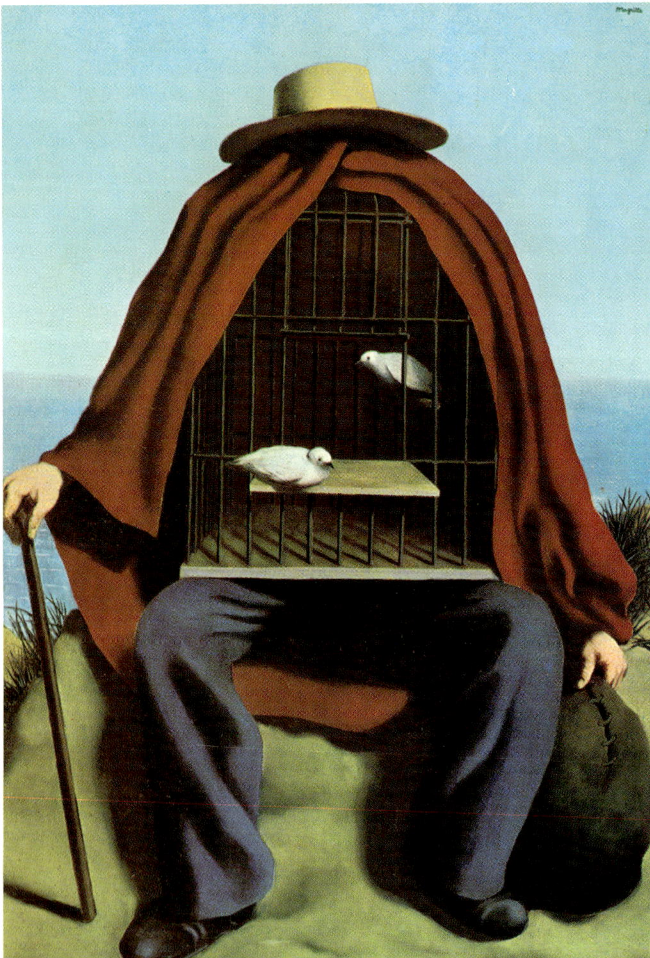

René Magritte, Der Therapeut, 1937. Sammlung Urvater, Brüssel

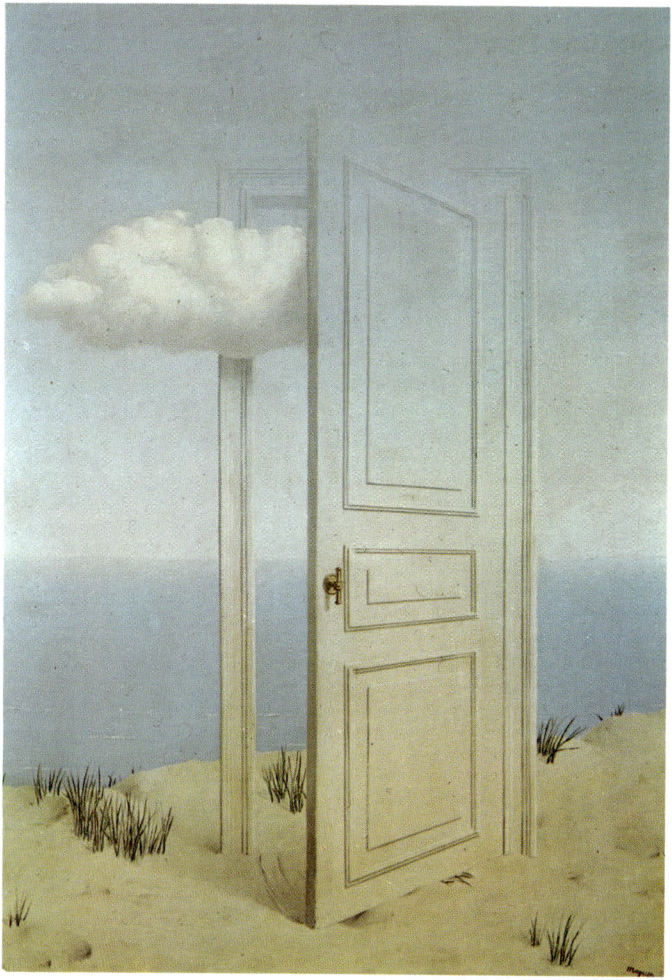

René Magritte, Der Sieg, 1939. Privatsammlung, Paris

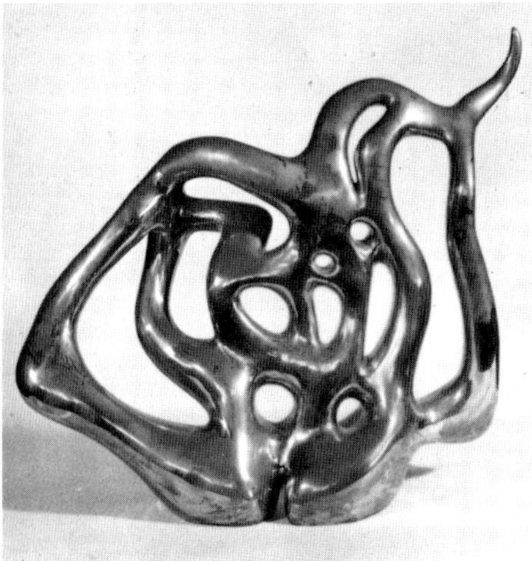

Maria Martins, Pflanzlicher Rhythmus, Bronze. Privatsammlung

führt, eine sadistische und parfümierte Fröhlichkeit, kurz, so etwas wie eine systematische Kultur der seltensten fleischfressenden Orchideen (*Die zufriedenen Toten*, 1958; *Weißes Quadrat,* 1965).

Maria, Maria Martins, *genannt* (Campanha, Brasilien, 1900). Die irrsinnige Verflechtung von Fauna und Flora in den unberührten Wäldern des Amazonas scheint in der Skulptur Marias ein unmittelbares Echo gefunden zu haben, als Breton sie 1943 in New York entdeckt hat. Und wirklich verkörpert Maria um diese Zeit eine Rolle, vergleichbar mit der einer äquatorialen Fruchtbarkeitsgöttin. Selbst später, als eine heitere Abgeklärtheit sich in ihrem Werk bemerkbar macht, steht es unverändert im Zeichen der Vitalität.

Marseille (Spiel von). Ende 1940 erfinden die in Marseille vereinten Surrealisten ein neues Kartenspiel, bei dem die vier traditionellen Farben durch Liebe, Traum, Revolution und Erkenntnis ersetzt sind, die Könige durch die Genies (Baudelaire, Lautréamont, Sade, Hegel), die Damen durch die Sirenen (die portugiesische Nonne, Alice, Lamiel, Helen Smith), die Buben durch die Weisen (Novalis, Freud, Pancho Villa, Paracelsus), der Joker durch Ubu. Brauner, André und Jacqueline Breton, Dominguez, Herold, Lam und Masson entwarfen die Figuren, deren Ausführung Frédéric Delanglade übernahm.

Martini, Alberto (Oderzo 1876 – Mailand 1954). Als einer der hervorragendsten Vertreter des späten Symbolismus illustrierte er Edgar Allan Poe

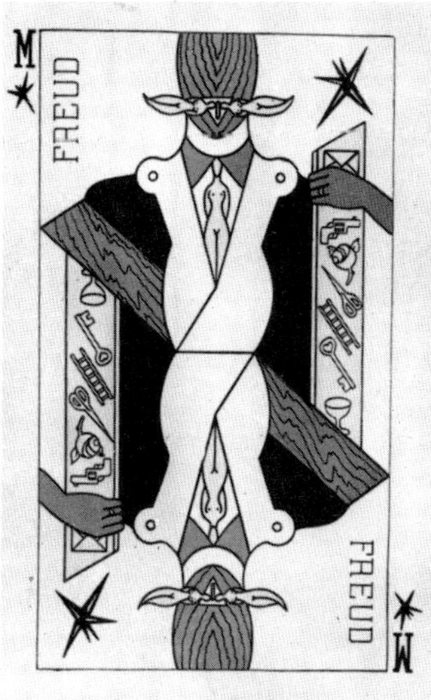

Surrealistisches Kartenspiel aus Marseille, 1940, Freud, der Weise des Traumes (Pik Bube), Entwurf von Oscar Dominguez

mit fünfzig außergewöhnlichen Zeichnungen (1905 – 1908). 1928 tritt er in Paris mit den Surrealisten in Verbindung. Von dieser Verbindung ausgehende neue Impulse äußern sich um 1930 in sinnverwirrenden Gemälden. Diese sind auf die Faszination des Blicks ausgerichtet, der sich in Halluzinationen zu vervielfachen scheint.

Masson, André (Balagny, Oise, 1896). Unter den ersten dem Surrealismus verbundenen Malern nimmt Masson einen besonderen Platz ein. Auf der einen Seite bleibt Dada ihm ganz fremd, auf der anderen ist der Einfluß Chiricos bei ihm weniger spürbar als bei Ernst, Tanguy, Magritte oder Dali. Bei einem Bild wie den *Vier Elementen* von 1923 handelt es sich nämlich eher um einen symbolischen Kubismus. Glücklicherweise werden diese durchaus grazilen Allegorien durch die Einführung des Automatismus aufgestört. Die Dynamik der Instinkte gerät damals in Konflikt mit den von Derain und Juan Gris über-

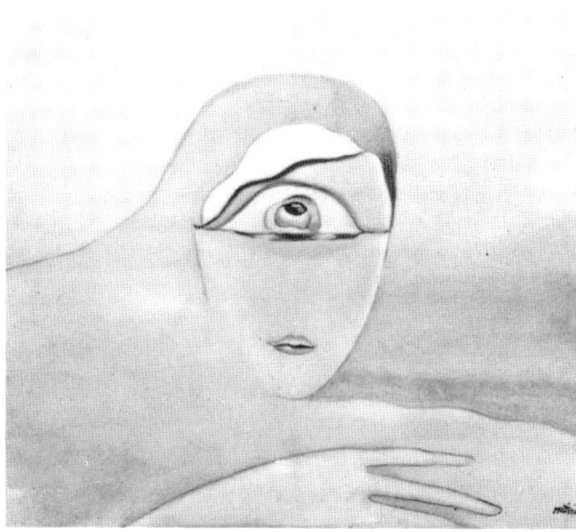

Alberto Martini,
Die Romantische, 1930.
Galleria Annunciata,
Mailand

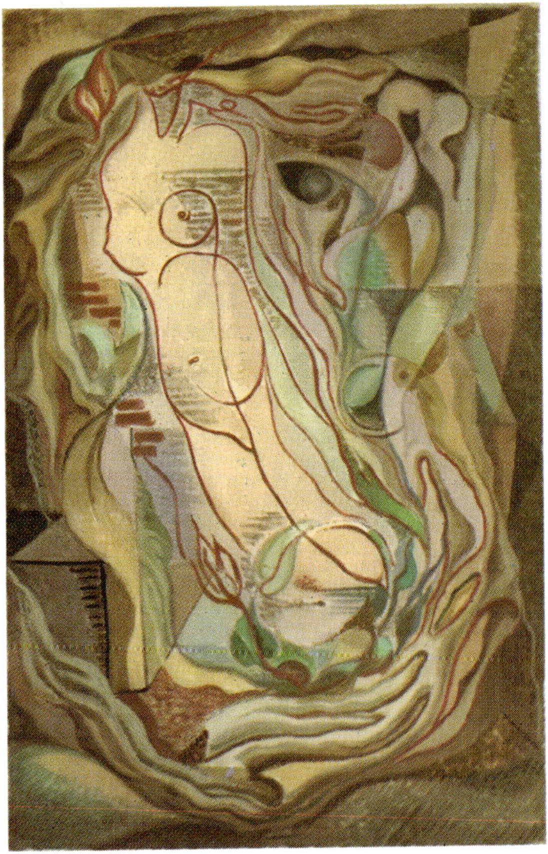

André Masson, Amphora, 1925. Privatsammlung, Paris

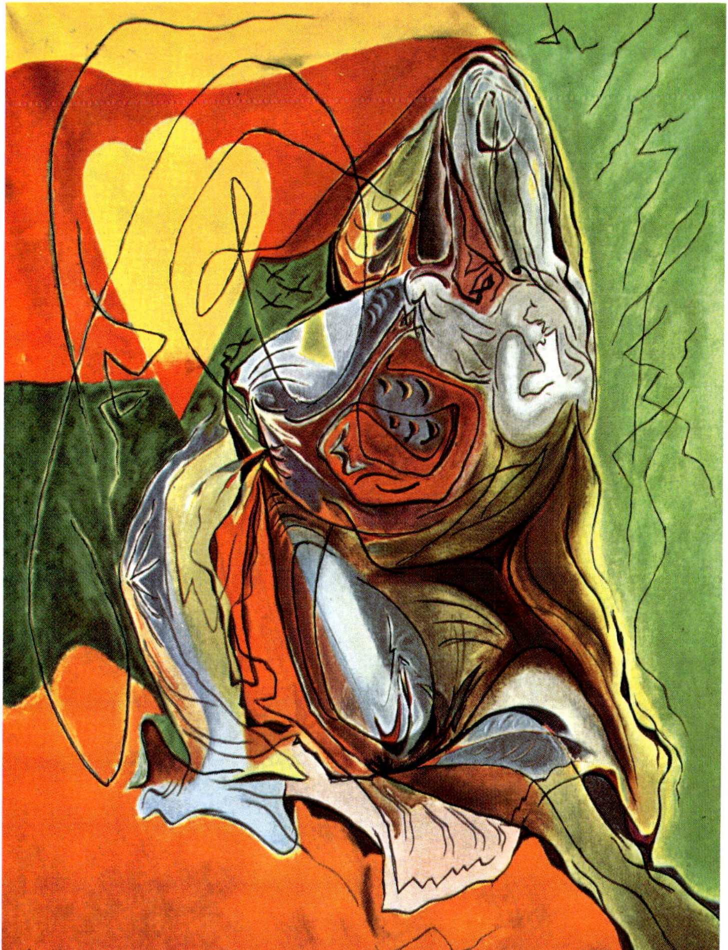

André Masson, Niobe, 1947. Galerie Louise Leiris, Paris

nommenen Bildgefügen. Unbestreitbar ist es das Verdienst Massons, sich als erster in seinen Zeichnungen von 1924 – 1925 der automatischen Trance ohne Vorbehalte hingegeben zu haben, so daß er mitunter die echten Medien-Strukturen wiederfand. Aber seit 1926 macht Mirós Vorbild ihm Mut, den elliptischen Strich, das Zeichen, für die knappe Zusammenfassung einzusetzen, obwohl gerade er der Malertyp ist, der sich in Wiederholungen ergeht. Das führt unweigerlich zu einer Verarmung der Bilddynamik, die noch in den »Sandbildern« von 1927 zu spüren ist, die immerhin zu Massons bester Produktion zwischen 1926 und 1938 gehören. Da er meint, Breton habe ihn in *Der Surrealismus und die Malerei* nicht angemessen dargestellt, verläßt er 1929 die surrealistische Gruppe und schließt sich Bataille an. Eine neue Annäherung findet nach 1938 statt. Von dem Beispiel Dalis und Picassos aus den dreißiger Jahren angeregt, malt Masson mächtige und zügellose Bilder, deren schlechter Geschmack allein schon die persönliche Haltung verbürgt. Die Metapher entfaltet sich hier nämlich – übrigens nicht ohne eine gewisse Naivität – in zuweilen mühseliger Beredsamkeit. Diese Richtung trägt vielleicht in seiner amerikanischen Zeit (1941 – 1945) ihre überzeugendsten Früchte: Der amerikanische Boden und die indianischen Mythologien beeinflussen die Reorganisation des Bildfeldes, die Gorky nicht gleichgültig läßt (Pollock wird hingegen von seinen Gemälden aus den Jahren 1938 – 1939 beeinflußt). 1945 hören Massons Beziehungen zum Surrealismus auf. 1950 beginnt seine »asiatische Periode«, in der er unter der Wirkung der chinesischen Malerei steht. Er verzichtet nun auf jede durchgehende Strukturierung und überläßt sich entweder einem impressionistischen Zerstreuen oder einer ziemlich hohlen Zeichenschrift.

Matta, Sebastian Matta Echaurren, *genannt* (Santiago de Chile, 1911). Matta begegnet auf einer Spanienreise Lorca, der ihm ein Einführungsschreiben an Dali gibt. Dali wiederum schickt ihn zu Breton, dessen Bekanntschaft das Leben des jungen Architekten vollständig umkrempelt (er hatte vorher an den Plänen zu Le Corbusiers »Cité Radieuse« mitgearbeitet): er wird Surrealist sein und Maler (1938). Mit Onslow-Ford und Francès repräsentiert Matta am Vorabend des zweiten Weltkrieges die neue Welle des Automatismus in der surrealistischen Malerei. Ihr Gott ist Yves Tanguy. Nach einigen Monaten kann dieser neu bekehrte Maler eine Reihe von Gemälden, die »psychologischen Morphologien«, vorlegen. Ihre freie Malweise und der Schwung der Farben haben nicht ihresgleichen. In den Vereinigten Staaten, wohin er 1939 reist, sollte er wieder eine wichtige Rolle spielen, sowohl im Exilleben des Surrealismus wie im Kreise der amerikanischen Künstler (besonders bei Gorky), auf die der Automatismus wie eine Offenbarung wirkt. Zunächst verwischt sich introvertiertes Forschen mit kosmischem Forschen von unwiderstehlicher Pracht und lyrischer Kraft (*Die Erde ist ein Mensch*, 1942; *Schwindliger Eros*, 1944, New York, Museum of Modern Art). Das Auge bohrt sich in einen jungfräulichen und schwindelerregenden Raum, in dem alle Grenzen verschwinden, Scheidewände unterteilen seine dritte

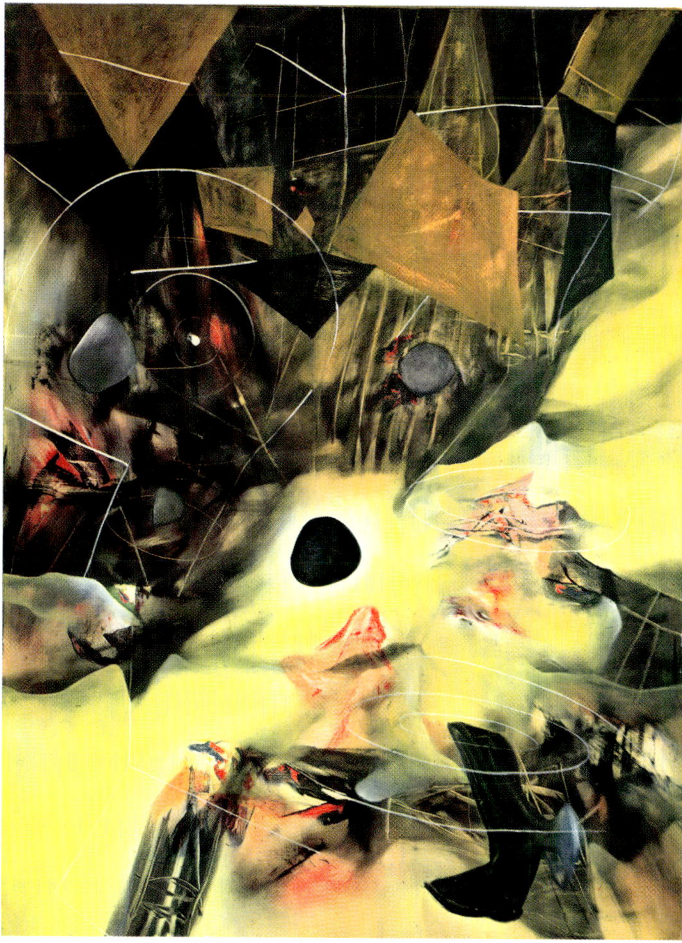

Matta, Elinonde, 1943. Sammlung Thomas C. Adler, Cincinnati, USA

Dimension, doch nur, um zurückzuweichen vor dem heftigen Stoß unseres Wunsches, besser zu sehen, weiter zu sehen als das, was der Gesichtssinn uns im Allgemeinen anbietet. Nach 1944 geht eine tiefreichende Veränderung in Mattas Werk vor sich: der Mensch tritt auf, aber ein gequälter und quälender Mensch, der oft, vom Knistern der elektrischen Hochspannung umgeben, mit den aggressivsten Maschinen eins wird. Er interpretiert die spezifischen Schrecken und Ängste der Menschheit in der Mitte dieses XX. Jahrhunderts. Die Mittel prunken so wie vorher; aber in dem Maße, in dem sie sich in den Dienst einer humanistischen Absicht stellen – mag diese auch noch so löblich sein – muß man die daraus folgende Ablenkung lyrischer Energie und einen gewissen Verlust an völliger automatischer Freiheit konstatieren, in der Matta sich vorher entwickelt hatte. 1948 wird Matta aus der surrealistischen Gruppe ausgeschlossen, weil er, dem »schwindelerregenden Eros« nachgab und die enttäuschten Gefühle mitverschuldet hat, die zu dem Selbstmord Gorkys beitrugen. Er leidet sehr darunter, beruft sich jedoch weiterhin auf den Surrealismus und die Revolution. Aber seine Bilder reflektieren immer mehr seine politischen Gedanken, sei es auch nur im Titel. Er versöhnt sich schließlich bei der *Vollstreckung des Testaments des Marquis de Sade* von Jean Benoit mit André Breton und dessen Freunden. Die ihm eigene hochherzige Lyrik inspiriert Matta

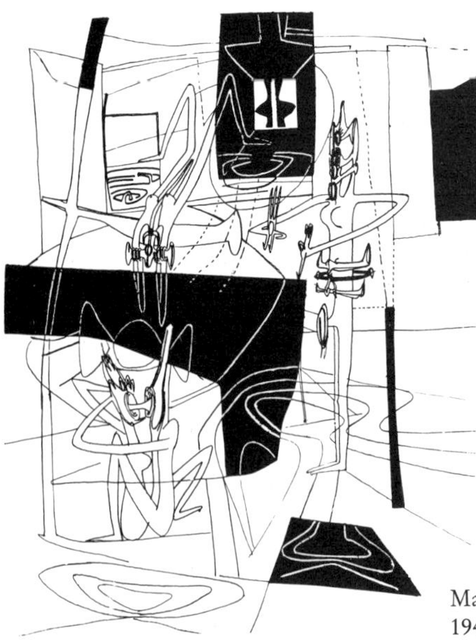

Matta, Der Erfolg des Glasschneiders, 1947, Zeichnung

weiterhin zu ungestüm leuchtenden Bildern, und selbst im täglichen Leben bewegt er sich umgeben von Funken und Gelächter.

Mayoux, Jehan (Chevres-Chatelars 1904). »Wenn ich Amboß sein werde – Werde ich meine Wäsche im Fluß waschen.« Mayoux, surrealistischer Dichter, Volksschullehrer und aktiver Gewerkschaftler, weigert sich 1939, dem Mobilisierungsbefehl nachzukommen. Der spontane und völlig unbefangene Ton seiner Dichtung besitzt ungewöhnliche Überzeugungskraft. Sie bietet die eigenartigen Qualitäten der Abzählreime für Erwachsene an (*Ma Tête à couper* [*Mein Kopf zum Abschneiden*], 1939).

Mesens, E.L.T. (Brüssel 1903 – Brüssel 1970). »Ich möchte ein weißes Hemd – Um mich im Schlamm zu bewegen.« Er gab die Musik zu Gunsten der Dichtung auf und spielte eine entscheidende Rolle bei der Einführung des Surrealismus in Belgien und später in England. Seine Kompetenz in künstlerischen Dingen führte dazu, daß er zahlreiche wichtige Ausstellungen organisierte. In seinen Gedichten wird sein leichter und distanzierter Humor spürbar, der manchmal von Melancholie überschattet ist (*Taubstummenalphabet,* 1933; *Troisième front,* 1944), ebenso wie seine Collagen eine verhaltene Zärtlichkeit unbefangen zur Geltung bringen.

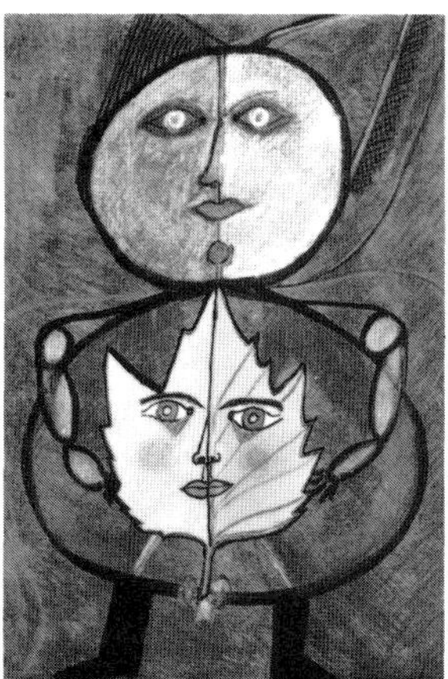

E.L.T. Mesens, Böser Engel, 1963, Collage und Bleistift. Sammlung R. von Holten, Stockholm

Minotaure. Die von Albert Skira gegründete luxuriöse Zeitschrift (12 Nummern, 1933 – 1939) kam bald unter die Kontrolle der Surrealisten. Sie verstanden es, aus ihr ein bewunderswertes Studieninstrument all der zahlreichen Gebiete zu machen, auf die sie durch ihre Neugier stießen. Breton, Caillois, Eluard, Heine, Mabille, Péret veröffentlichten höchst wichtige Texte. Picasso und die surrealistischen Maler wurden glänzend präsentiert. Jeder Umschlag war von einem anderen Künstler entworfen. Die Qualität und die Wirkung von *Minotaure* sind nie übertroffen worden.

Miró, Joan (Barcelona 1893). Jedes einzelne Element gewinnt eine poetische Intensität in den katalanischen Landschaften und Stilleben der »detaillistisch« genannten Periode Mirós (1918 – 1922), die vor seiner endgültigen Bekehrung zum Surrealismus liegt, also vor dem Miró, den wir kennen. Diese lyrische Qualität hätte wahrscheinlich das Interesse der Surrealisten auch dann erregt, wenn es

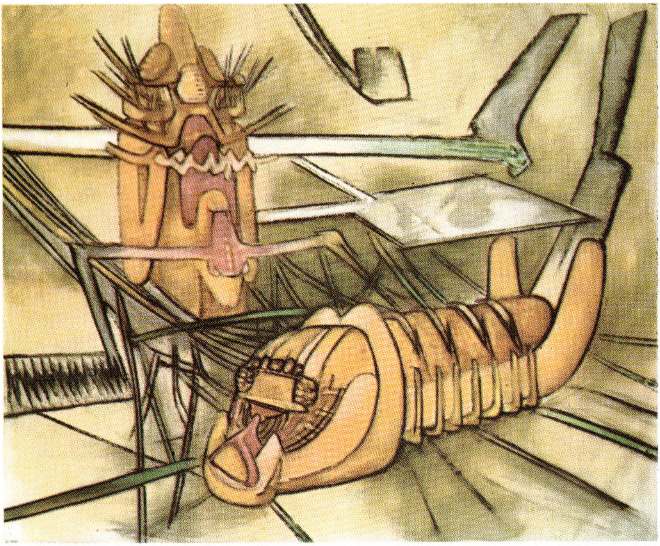

Matta, Who's who, 1955. Privatsammlung, New York

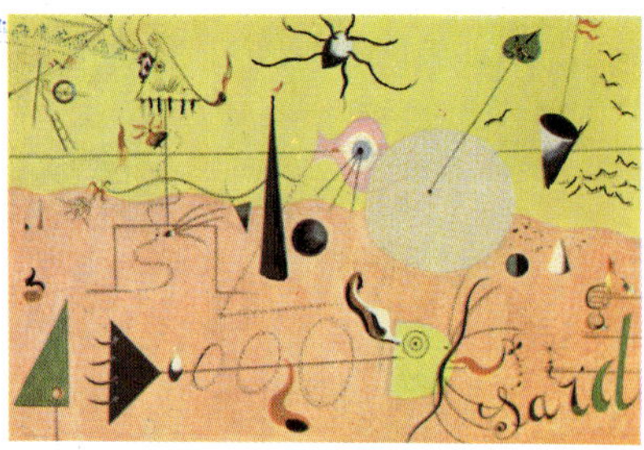

Joan Miró, Katalanische Landschaft, der Jäger, 1923 – 1924. Museum of Modern Art, New York

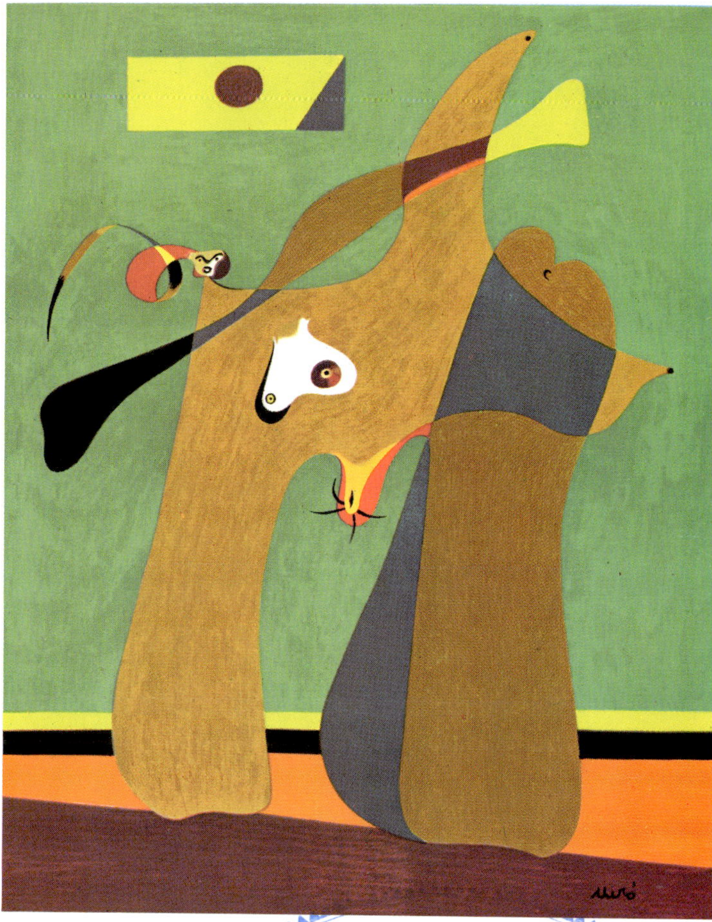

Joan Miró, Frau, 1932. Galerie Maeght, Paris

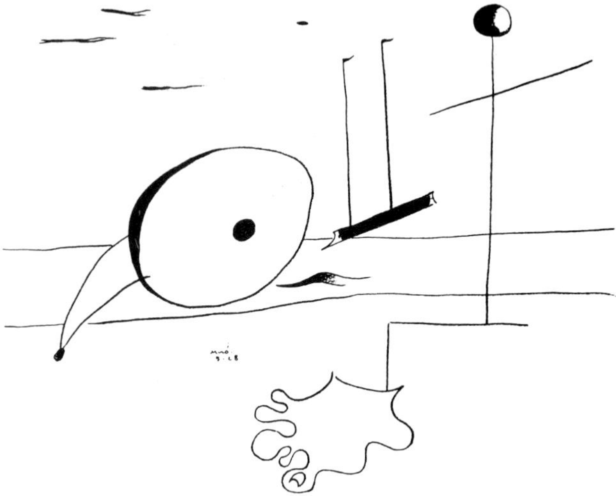

Joan Miró, Komposition, 1928, Tintenzeichnung

nicht zu diesem Übertritt gekommen wäre. Er passierte die Grenze, die ein, wenn auch subjektives, Beobachten der »äußeren Vorlage« von der Orchestrierung einer Zeichensprache trennt, die in aller Freiheit und aus der Laune einer schwungvollen verblüffend naiven Begeisterung erfunden wird. Gerade damit hat Miró den überraschenden Beweis dafür geliefert, daß der Automatismus der Malerei explosive Kräfte erschließen konnte. Anfangs (1922 – 1924) vollzieht sich die Metamorphose durch ein Verformen, das die gewöhnlichen Beziehungen einerseits unter den Dingen, andererseits zwischen den Dingen und dem Raum zerstört. Außerdem bietet sich der Raum des Automatismus bei Miró sogleich als ein flacher, zweidimensionaler Raum dar, in dem alle Gegenstände auf gleichberechtigtem Fuße leben (*Carnaval d'Arlequin,* 1925, Buffalo, Albright Art Gallery). Wenig später bringt ein ganz entgegengesetzter Versuch den Maler darauf, mit spontanen Flecken, Spritzern, Arabesken eine Art von bildnerischem Alphabet der Gefühle anzulegen. Die Erfindung von Zeichen aus der reinen Hingabe balanciert das Gleichgewicht zu den Ergebnissen der lyrischen Verformung aus. Aus dem Zusammentreffen dieser beiden Erfahrungen entsteht dann 1926 eine Malerei von bemerkenswerter dichterischer und bildnerischer Kraft, stark und sicher genug, sich bereits vorhandene Formen und Themen unbekümmert anzueignen (*Intérieurs hollandais,* 1928). Aber kaum zu dieser Synthese seiner bildne-

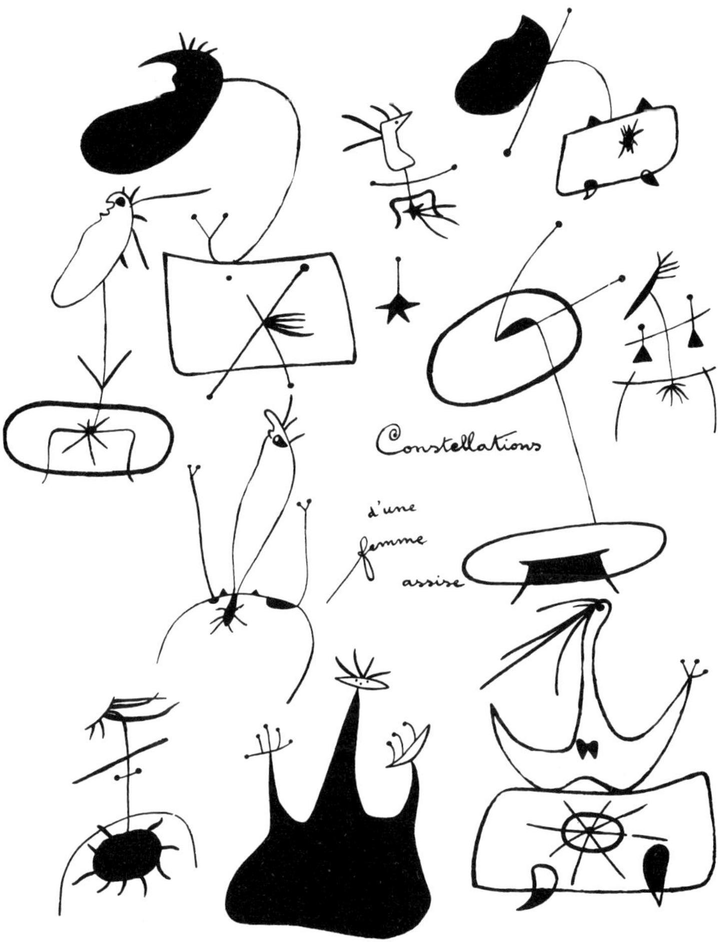

Joan Miró, Zusammenstellungen einer sitzenden Frau, 1938, Tusche

rischen Mittel gelangt, erklärt Miró, daß er »die Malerei umbringen« wolle, und sperrt sich freiwillig mit puritanischen Übungen ein, mit denen er sich, wie es scheint, für seine eigene schöpferische Euphorie bestrafen will (1929 – 1931). Trotzdem werden diese Jahre durch mehrere Collagen und Objekte markiert, in denen sich eben diese verdammenswerte Euphorie durchsetzt.

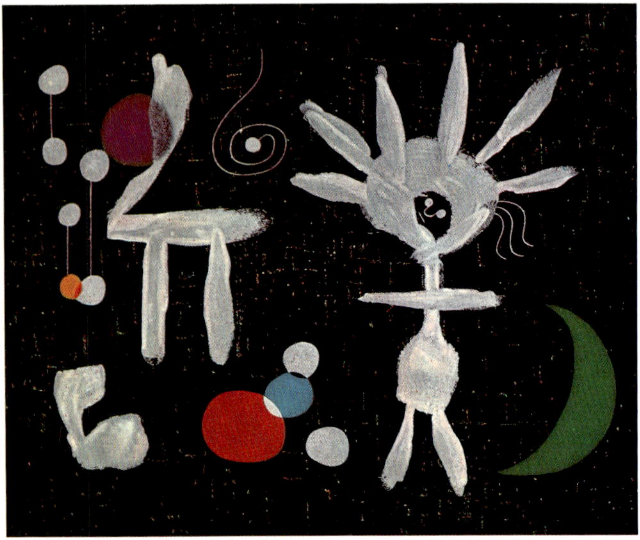

Joan Miró, Die Morgenrose im Mondlicht, 1947. Privatsammlung, Paris

Die Malerei kommt dann wieder zu ihrem Recht, aber um den Preis, daß alles bisher Erreichte wieder in Frage gestellt wird. Auf eine Reihe von Arbeiten nach Collagen aus Werkzeugetiketten (1933), in denen sich das Abstraktionsvermögen dieser Malerei erweist, folgen die »wilden Gemälde« (1934 – 1936), wo ganz im Gegenteil die Aggressivität und die Angst die Oberhand gewinnen. Das paradoxe Meisterwerk dieser Periode, das *Stilleben mit altem Schuh* (1937), verleiht einer sehr bescheidenen Wirklichkeit eine Ausstrahlung, wie sie die Periode von 1918 – 1922 vermittelt hatte. Der Ausbruch des Krieges treibt Miró dazu, den reinsten Gesang der Hoffnung in den *Constellations* (1940 – 1941) aus sich herauszuholen, einer Reihe von kleinformatigen, aber extrem dichten Collagen, die später Breton zu seinem letzten Gedichtband anregen werden (1959). Seither hat Miró, zu einem der berühmtesten Künstler der Welt geworden, sich immer wieder Neuerungen in den Disziplinen der Malerei, der Bildhauerei, der Keramik und der Druckgraphik abgefordert, wobei er stets, nach Bretons Worten, »die schönste Feder am Hut des Surrealismus« geblieben ist.

Moesman, J.-H. (Utrecht 1909). Die Vorbilder Magritte und Dali bestätigen von 1930 bis 1935 diesen Einzelgänger in seinen bildlichen Halluzinationen. Erst 1960 wird er bekannt, nachdem eine holländische surrealisti-

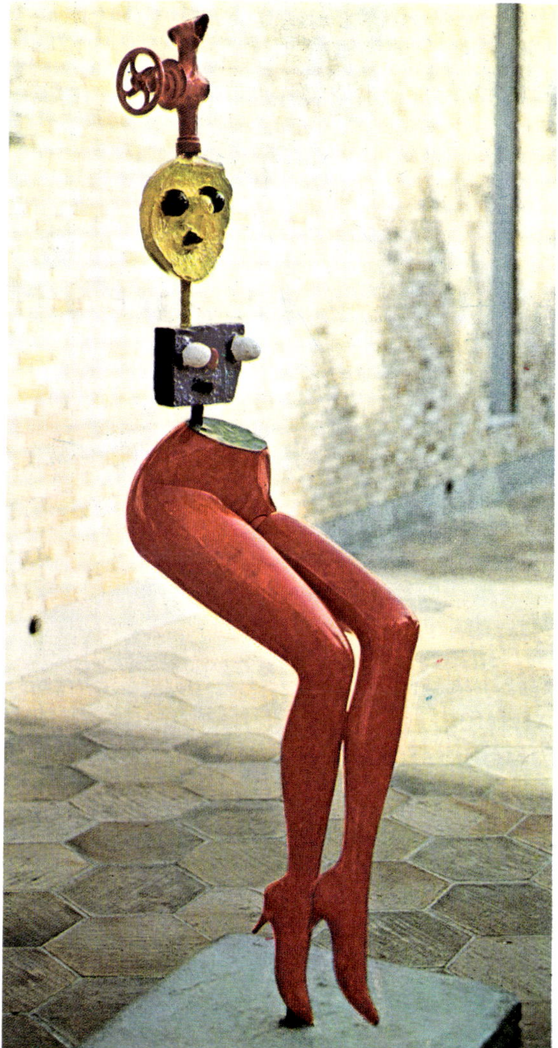

Joan Miró, Fliehendes junges Mädchen, 1968, Bemalte Bronze.
Sammlung Fondation Maeght, Saint-Paul de Vence

sche Gruppe sich um ihn und Her de Vries gebildet hat.

Molinier, Pierre (Agen, 1900). Die Besessenheit des Fleisches bestimmt sein Werk wie sein Leben so total und so permanent, daß sie den Betrachter seiner Leinwände beunruhigt und verwirrt. Die oft multiplizierte Gestalt der Frau, die Hauptfigur seiner Malerei, schmückt sich mit allen Schminken und allen Spitzen der Objekt-Frau, aber diese Objekt-Frau bleibt für immer unerreichbar, weigert sich, die Begierde zu stillen, um ihn ständig zu entzünden.

Moreau, Gustave (Paris 1826 – Paris 1898). »Meine Entdeckung des Moreau-Museums mit sechzehn Jahren hat für immer meine Art zu lieben bestimmt« (A. Breton, 1961). Das innere Beben, mit dem Moreau mythische Kreaturen beschwört, erfüllt sich in den Unwetter-Farben und in den Orgien der Arabeske wie durch ein übersinnliches Medium.

Moro, César Quispes Asin, *genannt* César (Lima 1903 – Lima 1956). »Jede Vorstellung von Schwarz ist zu schwach, um das lange, unheimliche Geheul von Schwarz in Schwarz auszudrücken, das sehnsüchtig hervorbricht.« In Paris beteiligt er sich ab 1929 an den Unternehmungen der Surrealisten. In Peru gründet er 1939 die Zeitschrift *El uso de la palabra.* In Mexiko organisiert er 1940 mit Paalen eine Internationale Surrealistenausstellung. Seine Dichtung ist glühend bizarr und aufgewühlt (*Le Château de grisou* [*Schlagwetterschloß*], 1943; *Lettre d'amour* [*Liebesbrief*], 1944; *Le Cheval marin* [*Das Meerespferd*], 1957).

Nadja. Durch die Begegnung mit Nadja, einer seltsamen jungen Frau, entdeckt Breton das permanente Mysterium im Leben eines jeden Tags. Zeigen kann sich dieses Mysterium nur durch die Gunst der Liebe oder dank der Gegenwart von Personen, die ausnahmsweise vom Verschleiß durch das Banale verschont geblieben sind. Aber es existiert, und am Ende dieses kurzen (1928 veröffentlichten, dt. *Nadja,* 1960) Berichtes, in dem Photographien an die Stelle von Beschreibungen treten, fragt sich Breton: »Ist es wahr, daß das Übersinnliche, die ganze übersinnliche Erfahrung, in diesem Leben liegt?«

Naville, Pierre (geb. 1903). 1925 hat er die Möglichkeit einer surrealistischen Malerei in Frage gestellt, was Breton veranlaßt hat, *Der Surrealismus und die Malerei* zu schreiben. Als erster der Surrealisten entschloß sich Naville für den politischen Kampf (*La Révolution et les Intellectuels,* 1926). Später wird er einer der Gründer der Vierten (Trotzkistischen) Internationalen.

Nouveau Réalisme (Neuer Realismus). Diese Bewegung, 1959 von Yves Klein und dem Kunstkritiker P. Restany gegründet, hat zahlreiche Anleihen bei dem Surrealismus gemacht, ihre Bedeutung jedoch verändert. Der »surrealistische Gegenstand« sah sich durch Arman und Spoerri anstatt als Metapher als Metonymie, als stoffliche Metapher aufgefaßt. Die »Decollage« von Plakaten (1935 von Léo Malet als Ikone geprägt) wurde zum soziologischen Beweisprotokoll (Hains,

Dufrêne, Rotella, Villeglé). Der von Jarry bis Duchamp betriebene Prozeß gegen die Maschine geriet zur scherzenden Parodie (César, Tinguely). Hingegen setzte Martial Raysse die Anklage Magrittes gegen die Bildwelt fort, und Niki de Saint-Phalle gebar die köstlichen und grotesken Ungeheuer ihrer Phantasie.

Objektiver Zufall (Hasard objectif). »Die Aufmerksamkeit, die ich in Arbeiten wie *Nadja, Les Vases communicants* und verschiedenen späteren Mitteilungen bei jeder Gelegenheit auf gewisse beunruhigende Tatsachen, auf gewisse bestürzende Verknüpfungen hinzulenken mich bemüht habe, hat zur Folge gehabt, daß mit einer ganz neuen Schärfe das Problem des *objektiven Zufalls* aufgeworfen wurde, mit anderen Worten, jener Art Zufall, durch die sich auf eine noch sehr geheimnisvolle Weise dem Menschen eine Notwendigkeit kund tut, die sich seinem Verständnis entzieht, obschon er sie als vitale Notwendigkeit empfindet« (A. Breton, 1935).

Oelze, Richard (Magdeburg 1900). Er trifft 1932 in Paris mit den Surrealisten zusammen und beginnt 1934 sein absolut seltsames Werk, das sich ohne temporäre Zeichen der Schwäche, nur durch den zweiten Weltkrieg unterbrochen, bis heute fortsetzt. In einem der Frottage verwandten Verfahren taucht pflanzliches und tierisches Wuchern und Quellen auf, das eindeutig die Strukturen der Medienmalerei evoziert. Nach 1946 nimmt seine Malerei gern apokalyptische Wendungen: in großen, winddurchfegten Landschaften stürzen prunkvolle Städte zu-

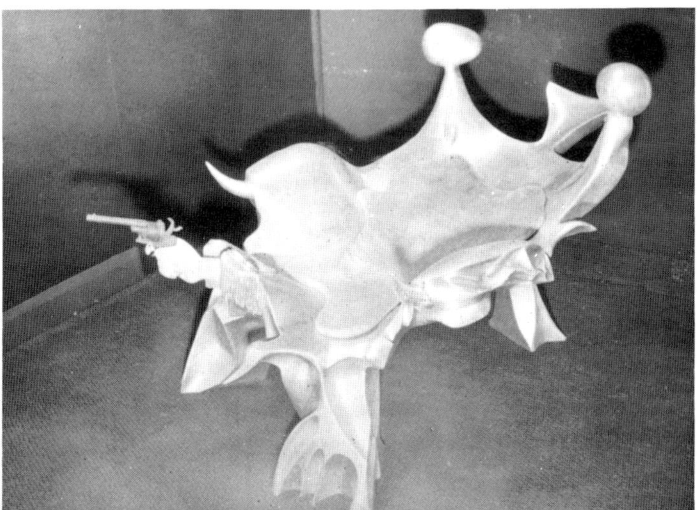

Ugo Sterpini, Sessel mit bewaffneter Hand, 1965, Bronze

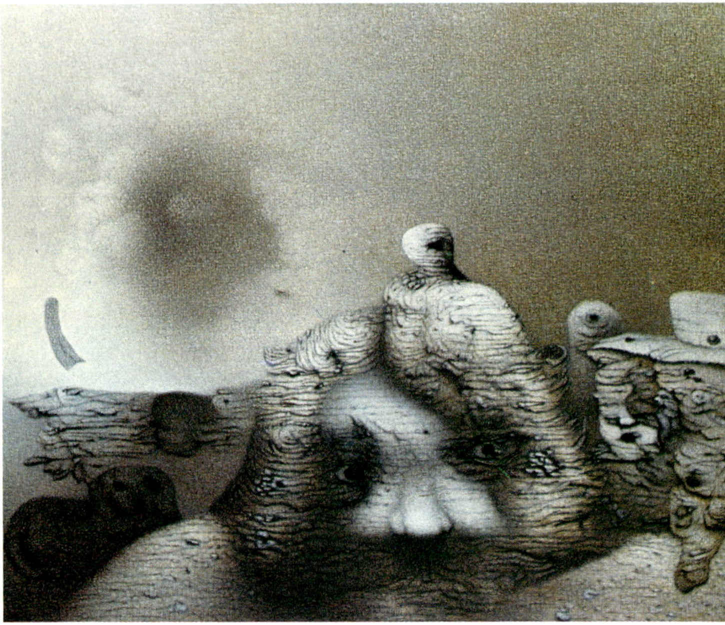

Richard Oelze, Die Freuden der Schönheit, 1972. Sammlung Poppe, Hamburg

sammen, und die Stimme des Propheten verkündet die nahenden Wüsten, oder aber grinsende, böse Geister tauchen auf hinter den Hecken ebener Landschaften.

Officina Undici. Unter dieser Etikette eröffnen der Maler Ugo Sterpini (geb. 1927) und der Architekt Fabio de Sanctis (geb. 1931) 1963 in Rom eine Werkstatt für surrealistische Möbel. Im Jahr darauf nehmen sie Verbindung zu Breton und seinen Freunden auf, von denen sie herzlich aufgenommen werden.

Onslow-Ford, Gordon (Wendover, England, 1912). Der Offizier der Royal Navy begegnet Matta 1937 und widmet sich fortan ganz der Malerei. Er, Matta und Francès verkörpern am Vorabend des zweiten Weltkrieges die Offensive gegen den von Breton später sogenannten *»absoluten* Automatismus«. Aber von diesen drei jungen Malern besitzt zweifellos keiner mit solcher Selbstverständlichkeit die kosmische Dimension. Aus sich kreuzenden gebieterischen Linien springt mineralisches Feuer hervor; die Tiefen des Raumes entstehen aus dem

Kunst aus Neu-Mecklenburg, Maske aus bemaltem Holz und bunten Fasern. Sammlung Charles Ratton, Paris

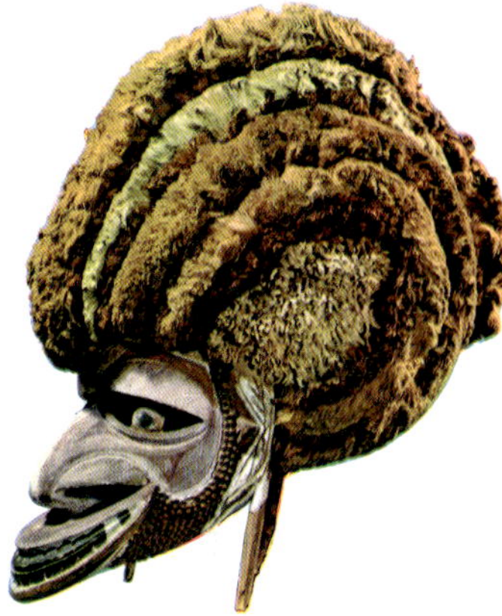

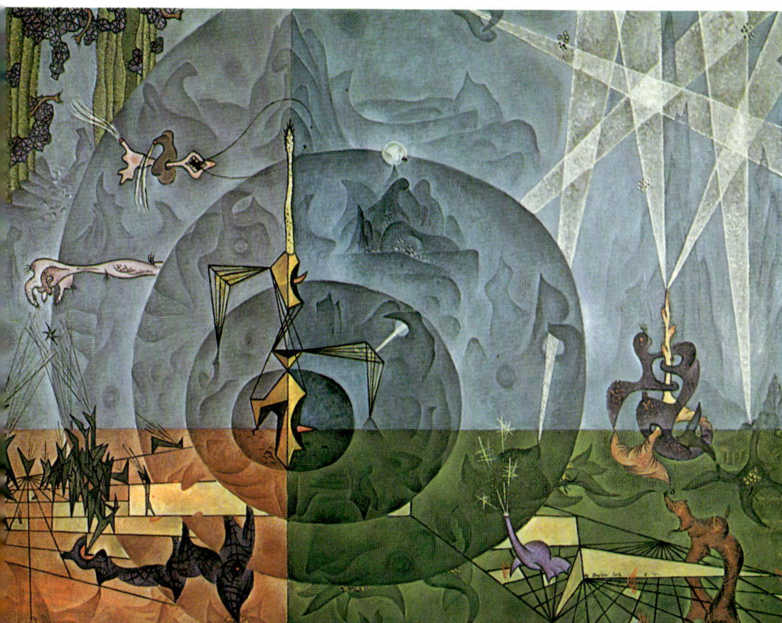

Gordon Onslow-Ford, Die Versuchungen des Malers, 1941. Im Besitz des Künstlers

schwindelerregenden Rhythmus konzentrischer Kreisbahnen; die Vulkane sinnen auf ihren Aufstand. Noch nachdem er sich in seine kalifornische Einsamkeit zurückgezogen hat, wiegt Onslow-Ford sich im stürmischen Elan der Kometen und schafft sich das Licht mit eigenem Sternschnuppenregen.

Oppenheim, Meret (Berlin 1913). Sie ist achtzehn, als sie zu den Surrealisten kommt und deren junge Fee wird. Man Ray widmet ihr einige seiner schönsten Photographien. 1936 bricht sie mit ihren früheren, charmanten, aber unsicheren Arbeiten und wird auf einen Schlag mit ihrem ersten surrealistischen Objekt, dem *Frühstück im Pelz,* berühmt. In der Folge erfindet sie weitere, genau so bemerkenswerte und verführerische Gegenstände. Sie beschränkt sich aber nicht nur auf die Produktion, sondern will Malerei ohne Ballast aber voller Anspielungen. Ihre Plastiken sind einfallsreicher. Es war Meret Oppenheim, die bei der Internationalen Surrealistenausstellung 1959 in Paris ein *Festmahl* auf einer nackten Frau mit vergoldetem Gesicht veranstaltete.

Ozeanien. »Ozeanien. . . welches Prestige hat dieses Wort im Surrealismus genossen. Es ist einer der großen Schleusenmeister unseres Herzens gewesen« (A. Breton). Mehr noch als Amerika, und früher als dieses, erscheint Ozeanien als das erwählte Land der Surrealisten. Aber nicht als Ebenbild des *verlorenen Paradieses«,* wie bei Gauguin, sondern wegen des bestürzenden Verhältnisses zwischen intensiv gelebtem Mythos und bildnerischem Ausdruck in der ozeanischen Kunst, die trotz des für Künstler vorgeschriebenen Programms den höch-

Meret Oppenheim, Frühstück im Pelz, 1936. Museum of Modern Art, New York

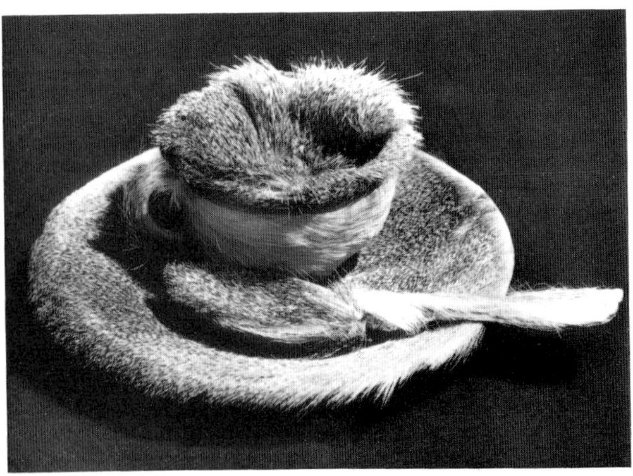

sten Grad der Erfindung erreicht. Surrealistisch formuliert äußert sich die Beziehung zwischen dem »inneren Modell« und dem »äußeren Modell« in Ozeanien in einem unvergleichlichen Ineinander von Imaginärem und Beobachtbarem, wo sie sich gegenseitig überhöhen. Das analogische Vorgehen, das bei *den Malanggan* Neu-Mecklenburgs besonders bemerkenswert ist, – denn in ihrer Vorstellung begatten einander der Fisch (der Hai) und der Vogel (der Nashornvogel), um vereint die menschliche Physiognomie hervorzubringen – ist hier wie in der surrealistischen Dichtung stark beteiligt, so daß die metaphorische Triebfeder (Hai = Nashornvogel = menschliches Gesicht) um eine metonymische Bedeutung (Hai = Ozean, usw.) ergänzt wird und sich so zu einer Kosmogonie erweitert, in der, nach dem Ausdruck von V. Bounoure, »die Formen der Welt sich sinnlich lieben«. Die ozeanische Kunst bildet also die absoluteste Rechtfertigung »der poetischen (surrealistischen) Sicht der Dinge« (A. Breton), denn sie geht aus Völkern hervor, die vom westlichen kulturellen Einfluß denkbar unbeschadet blieben. Dank der in Ozeanien (vor allem in Neu-Mecklenburg, Neu-Pommern und Neu-Guinea) gefundenen Bestätigung kann sich der Surrealismus ohne weiteres überzeugen, daß sein Anspruch die ganze Menschheit angeht.

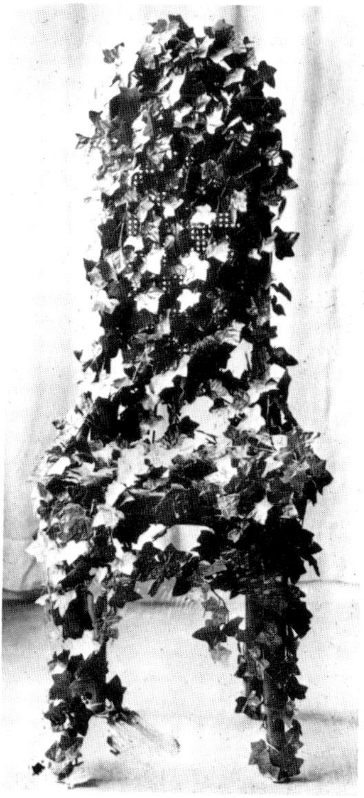

Wolfgang Paalen, Schonbezug aus Laub, 1936

Paalen, Wolfgang (Wien 1907 – Mexiko 1959). Nach strengen Malübungen, in denen der Mensch nur noch durch eine Ellipse (das Oval eines Gesichtes) an seine Gegenwart erinnert, überziehen sich ab 1935 Paalens erste surrealistische Bilder mit einem gleichförmigen, durchscheinenden, fein gerippten Gewebe, das an Spinngewebe und Fledermausflügel erinnert. Bald richtet der Automatismus hier seltsame, nachtwache Totems auf, bald läßt er Krallenungeheuer unter dem Himmel miteinander kämpfen, die der Künstler »saturnische Fürsten« nennt. In Mexiko empfängt Paalen ab 1939 die strahlenden Bahnen der Meteore in seinen Bildern. Später wird er

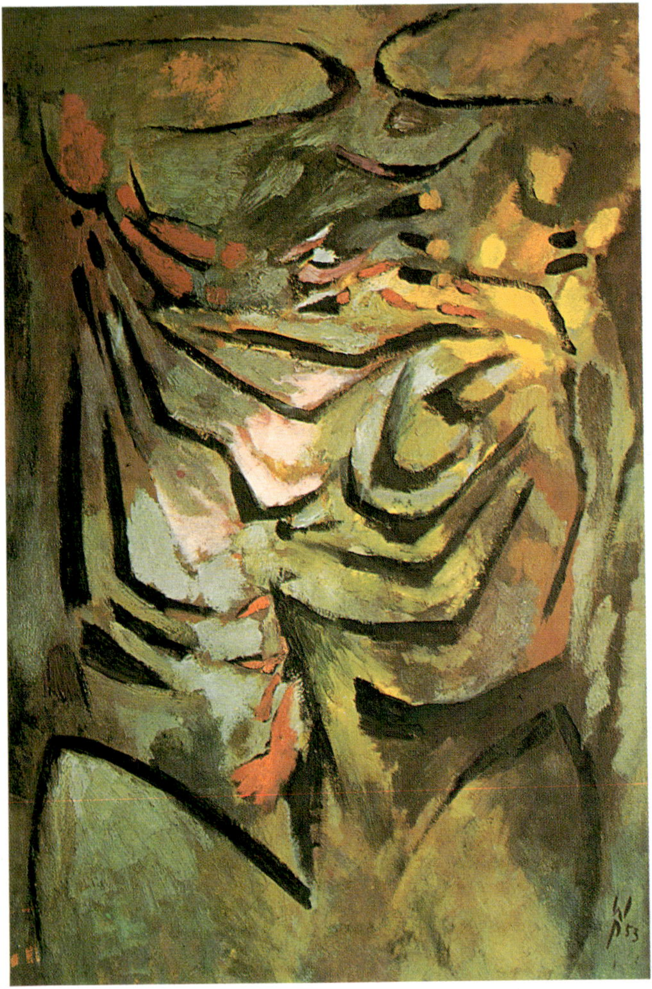

Wolfgang Paalen, Malerei, 1953. Sammlung Geo Dupin, Paris

versuchen, in ihren sich überschneidenden Linien das verborgene Antlitz der Götter zu lesen. Über die neuesten Errungenschaften der Naturwissenschaften bestens unterrichtet, ist Paalen davon überzeugt, daß Kunst und Wissenschaft es sich schuldig sind, simultan an der Entdeckung der Geheimnisse des Universums zu arbeiten. Bestärkt durch seine gründliche Kenntnis der primitiven Kunst Nordamerikas (vor allem der Mexikos und der Nordwestküste), besteht für ihn die Aufgabe der Kunst einer Epoche darin, ihre höchsten Gedanken zu artikulieren. Mit diesen Ideen beschäftigt, komponiert er 1953 mit einigen vibrierenden Strichen und selten aufflackernden Farben einen tragischen und sinnlichen Raum, der von Gewitterbeben erfüllt ist. 1958 verwandeln sich seine Bilder in lauter Blumensträucher. Kurz danach, in einer stürmischen Nacht an einem verlassenen Ort in der Umgebung von Mexiko, schießt er sich mit dem Revolver ins Herz.

Parent, Mimi (Montréal 1924). Alle Dinge verwandeln sich unter ihren Händen. Ihre Malerei pflegt ganz besonders die Dämmerung, jene eigenartige Stunde, wenn das Plump-Tierische einschläft und am Waldesrand die tagblinden Feen mit ihrem Gefolge von Kobolden erwachen.

Paz, Octavia (Mexiko 1914). »Welches Gras, welches Lebenswasser hält uns am Leben?« 1937 schließt er sich den spanischen Republikanern an und stellt die Verbindung zu den Surrealisten her. Er ist ein sehr guter Dichter (*Adler oder Sonne?* 1950; *Sonnenstein,* 1957) und Essayist, und viele seiner Schriften sind ins Französische übertragen worden. Als mexikanischer Botschafter in Neu Delhi trat er 1968 aus Protest gegen die von seiner Regierung befohlenen Erschießungen in Mexiko zurück.

Penrose, Valentine (geb. in Mont-de-Marsan). »Wir werden zu den Antillen reisen – der Wahninsel – um den Stephanotis (Parfümstrauch) auf dem eisernen Geländer zu sehen.« Von *Herbe à la lune (Mondgras)* (1935) bis *Magies* (1972) hat ihre Dichtung ihre kristallene Beschaffenheit und ihre schattige Anmut behalten. Ihr Essay *Erzsébet Báthory (die blutige Gräfin)* (1962) untersucht das ungarische weibliche Gegenstück zu Gilles de Rais, der im XV. Jahrhundert zum Feuertod verurteilt wurde, weil er zahlreiche Kinder bei magischen Handlungen ermordet hatte.

Péret, Benjamin (Rezé 1899 – Paris 1959). »Wenn aber die Lerchen an den Küchentüren Schlange stünden – um sich braten zu lassen – wenn das Wasser den Wein nicht verschneiden wollte – und wenn ich fünf Francs hätte – dann gäbe es was Neues unter der Sonne.« 1920 tritt Péret mit der Gruppe von *Littérature* in Verbindung, und der Legende nach geschah dies bei einer Dada-Matinee im Gaveau-Theater, wo er aus dem Publikum heraus gerufen haben soll: »Hoch lebe Frankreich und die Bratkartoffeln!« Sofort geht er zum automatischen Schreiben über: schon 1921 tragen seine Gedichte und Erzählungen, deren begeisterter Schwung und deren Unschuld nicht ihresgleichen haben, unauslöschlich das Zeichen des Automatismus, unter dem Pérets ganzes

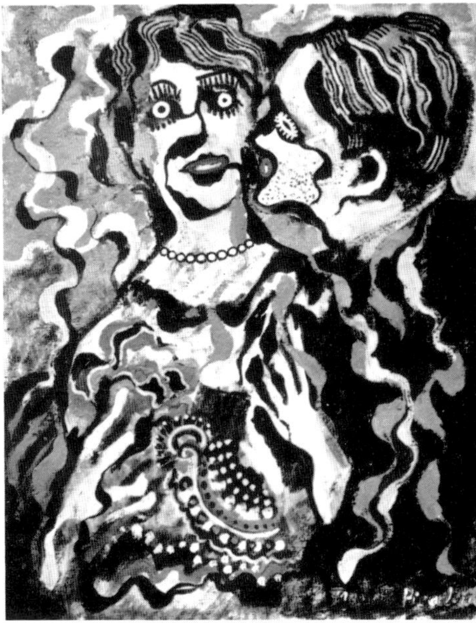

Francis Picabia, Veglione, Cannes, 1924. Sammlung Robert Lebel, Paris

Leben stehen wird. Kein surrealistischer Dichter (außer Arp) hat den Automatismus mit so anhaltendem Glück praktiziert. Es kommt noch besser. Sein reißender Redefluß trägt die Bilder davon und trifft spontan den Zungenschlag der Leute, die Übertreibungen und »Unsinn« lieben, und wäre es nur in den Schimpfwörtern. Unnachahmliche Sturzbäche von Metaphern (meist mit Relativpronomina verkettet) charakterisieren die Sprache Pérets. Und unterschiedslos ziehen sie in ihren Rundtanz die bescheidensten Gegenstände ebenso wie die höchst lyrischen ein und verkünden so die völlige Gleichberechtigung aller Wörter in der dichterischen Trance. Neben zahlreichen Gedichtbänden, unter denen *Le Grand Jeu (Das große Spiel)* (1928), *De derrière les fagots* (1934), *Je ne mange pas de ce pain-là (Von dem Brot esse ich nicht)* (1936) hervorragen, und Erzählungen von unwiderstehlichem Humor in der Art der burlesken Filme von Mack Sennett (*Le Gigot, sa vie, son oeuvre* [*Die Hammelkeule, ihr Leben und ihr Werk*] 1957) hat Benjamin Péret auch eine *Anthologie d l'amour sublime* (1956) und eine *Anthologie des mythes, légendes et contes populaires d'Amérique* (1959) veröffentlicht. Bis zum Schluß war er fast vierzig Jahre lang der getreue Gefährte von André Breton.

Picabia, Francis Martinez de Picabia, *genannt* Francis (Paris 1879 – Paris

1953). »Ich bin der Erfinder des schlechten Benehmens.« Nach einer brillanten Karriere als später impressionistischer Maler stürzt Picabia sich 1909 ins Abenteuer. Er verlegt sich darauf, jeden Tag zu verbrennen, was er am Vorabend angebetet hat. Zunächst führt ihn das zu lyrischen Explosionen einer irrsinnigen Freiheit: *Udnie*, 1913 (Paris, Musée National d'Art Moderne) oder *Edtaonisl* (Chicago, Art Institute). Dann folgen 1915 in New York an der Seite Duchamps die ersten »mechanischen« Werke, in denen die Maschine zugleich gepriesen und verspottet wird und in denen sich Dada schon abzeichnet. Seine Zeitschrift *391* (1917 – 1924 verknüpft die vielen dadaistischen oder para-dadaistischen Zentren in der ganzen Welt miteinander. Picabia lädt Tzara 1920 nach Paris ein und spielt eine entscheidende Rolle in der Pariser Episode der Bewegung. Er liebt Kräche und steht eher auf der Seite Bretons, als dieser mit Tzara bricht. Trotzdem weigert er sich stets, bei den surrealistischen Unternehmungen mitzumachen. In den Jahren 1922 bis 1926 zeichnet sich die Periode der »Ungeheuer« durch aggressiven Schwung, vulgären Strich und schreiende Farben aus. Ab 1927 kommen dann die »Transparenzen«, in denen die Überlagerung konventioneller Umrisse einen eigenartigen Eindruck von Tiefe suggeriert. Während des zweiten Weltkrieges zu nährenden »Akten« gezwungen, beginnt er gegen 1945 eine sehr freie abstrakte Periode, die er bis zu seinem Tode fortsetzt. Picabia ist auch Dichter, dem der Humor weder der Frische noch gar der Bitterkeit im Wege steht (*Pensées sans langage (Gedanken ohne Sprache)* 1919; *Thalassa dans le désert,* 1945). Den Surrealisten ist er ein unvergleichliches Beispiel als freier Geist für ständige Aufgeschlossenheit und Antidogmatik gewesen.

Picasso, Pablo Ruiz (Malaga 1881 – Mougins 1973). »Es lag an einer Willensschwäche dieses Mannes, daß die Partie, die uns beschäftigt, zumindest verschoben, wenn nicht gar verloren sein sollte, « schrieb Breton 1925 über Picasso. Für den Begründer des Surrealismus gab es keinen Zweifel, daß die sogenannte »hermetische« Periode des Kubismus um 1911 – 1912 einen solchen Abstand gegenüber dem »äußeren Modell« bezog, daß nicht nur die ganze moderne Kunst davon mitbestimmt werden, sondern auch die surrealistische Ablehnung der bürgerlichen abendländischen Kultur darin einen entscheidenden Antrieb erhalten sollte. Umgekehrt sollte Picasso, als dann der Kubismus nur noch ein dekoratives Rezept war, aus dem Surrealismus Energie schöpfen, um seinen vertrauten Ungeheuern nachzusetzen und seine erotischen Phantasmen zu befreien. Solange Picasso mit den Surrealisten in Verbindung blieb, nahmen seine Sinnlichkeit und sein bildnerischer Sadismus freien Lauf, sei es in der sogenannten Dinarder Periode (1928 – 1929), in der Reihe der von der blonden Nacktheit seiner jungen Mätresse angeregten »Schläferinnen« (1932 – 1934), oder noch später in *La Pêche à Antibes (Fischfang in Antibes)* (1939). Ebenso haben der mangelnde Respekt des Surrealismus gegenüber der Staffeleimalerei und die Untersuchungen, die zum Konzept des »surrealistischen Gegenstandes« führen sollten, Picassos Beschäftigung mit der Skulptur (vor allem zwischen 1929

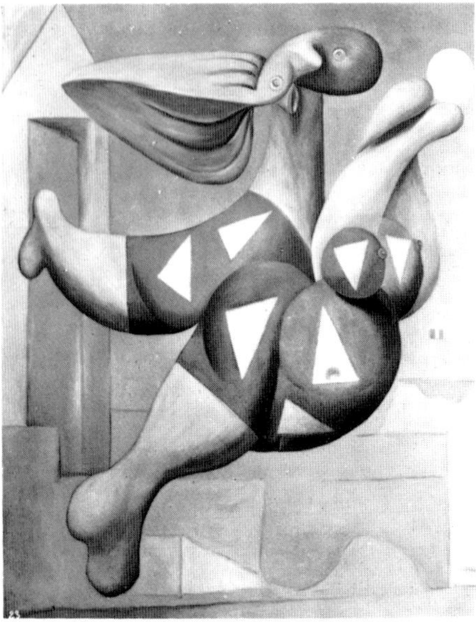

Pablo Picasso, Badende beim Ballspiel, 1932. Sammlung Victor W. Ganz, New York

und 1931) sicherlich beeinflußt. Etwas später gibt er 1935 die Malerei fast ganz auf, um surrealistische Gedichte automatischer Art zu schreiben. Nach Kriegsausbruch bewahren die Verzerrungen, die er der weiblichen Physiognomie aufzwingt, noch Spuren der surrealistischen Freiheit, ebenso das Theaterstück *Le Désir attrappé par la queue (Die Wünsche beim Schwanz gepackt),* zu dem ihn 1941 die Mangel leidende Umwelt anregt. Aber sein Eintritt in die Französische Kommunistische Partei 1944 entfernt ihn von den Surrealisten. Er entscheidet sich für die humanistische Perspektive, in der seine Begabung ernsthaft gefährdet und fade wird.

Poème-objet (Gedicht-Gegenstand). Breton schlägt 1929 vor, »die Mittel der Dichtung und des Bildnerischen zu kombinieren und auf ihre gegenseitige Steigerung zu spekulieren.« Er hat übrigens als einziger brauchbare Ergebnisse mit diesem Ineinander von Schrift und bildnerischen Mitteln hervorgebracht, wovon sich heute die visuelle Poesie abzuleiten scheint.

Pop Art. In den USA steht die Reaktion gegen den »abstrakten Surrealismus« mit Rauschenberg und Jasper Johns um 1955 im Zeichen Dadas. Aber die eigentliche Pop Art stammt vor allem von Duchamps »Ready-mades« und dem Werk Magrittes ab, denn diese beiden Vorbilder scheinen den Künstler zu autorisieren, die alltäglichen Dinge zur Vorlage zu nehmen und eine ganz unpersönliche Malweise anzuwenden (Lichtenstein,

Warhol). Wesselmann hingegen bekundet spektakulär eine infantile Erotik; Segal bevölkert die amerikanischen Städte mit Gipsphantomen; Jim Dine häuft die Gag-Zitate. Von allen Pop-Künstlern steht James Rosenquist dem Surrealismus am nächsten, dessen synthetische Sicht der Wirklichkeit oft voll poetischer Untertöne ist. Gleiches gilt für Claes Oldenbourg, dessen riesige und befremdliche Gegenstände die Anregungen von Dali und Dominguez in die Öffentlichkeit bringen.

Portugal. Der Surrealismus wird in Portugal seit 1940 durch die bildnerische Tätigkeit von Antonio Pedro, Antonio Dacosta und Candido de Costa Pinto vertreten. 1947 bildet sich die Surrealistengruppe in Lissabon: zu den Malern Fernando Azevedo (geb. 1923), A. Dominguez, Moniz Pereira, Pedro Vespeira (geb. 1925), kommen die Dichter Mario Cesariny de Vasconcelos, José-Augusto França, Alexandre O'Neill. Diese kurze Zusammenarbeit führt zu einer Ausstellung im Januar 1949 (58 Werke von sieben Künstlern) und zur Veröffentlichung von drei surrealistischen Heften. Sie hat sich dennoch verdient gemacht, weil sie sich zugleich gegen die akademische Kunst und gegen die neu-realistische (dem »sozialistischen Realismus« verwandte) Strömung richtete, die damals dominierten. Aber noch 1948 stellt sich Cesariny, nach dessen Ansicht die portugiesische Gruppe weder wirklich eine Gruppe noch wirklich surrealistisch war, an die Spitze einer intensiven gemeinsamen Tätigkeit. Die Beteiligten bezeichnen sich als »surrealistische Guerrillas«. Ebenfalls kurzlebig bewirkt auch diese Aktivität nur zwei Ausstellungen im Juni-Juli 1949 und im Juni-Juli 1950,

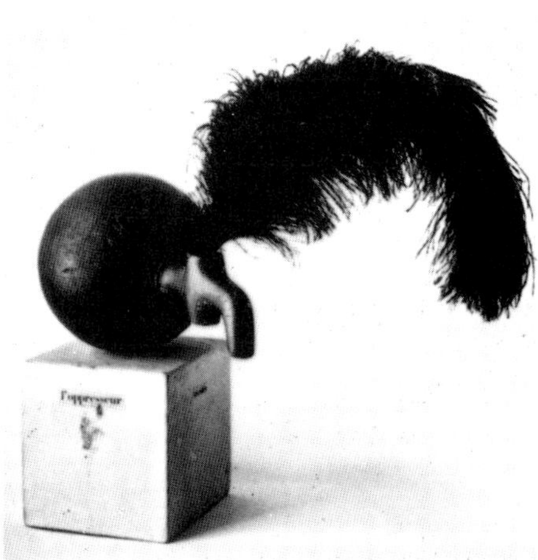

Cruzeiro Seixas, Der Unterdrücker, 1959, Gips, Metall und Feder

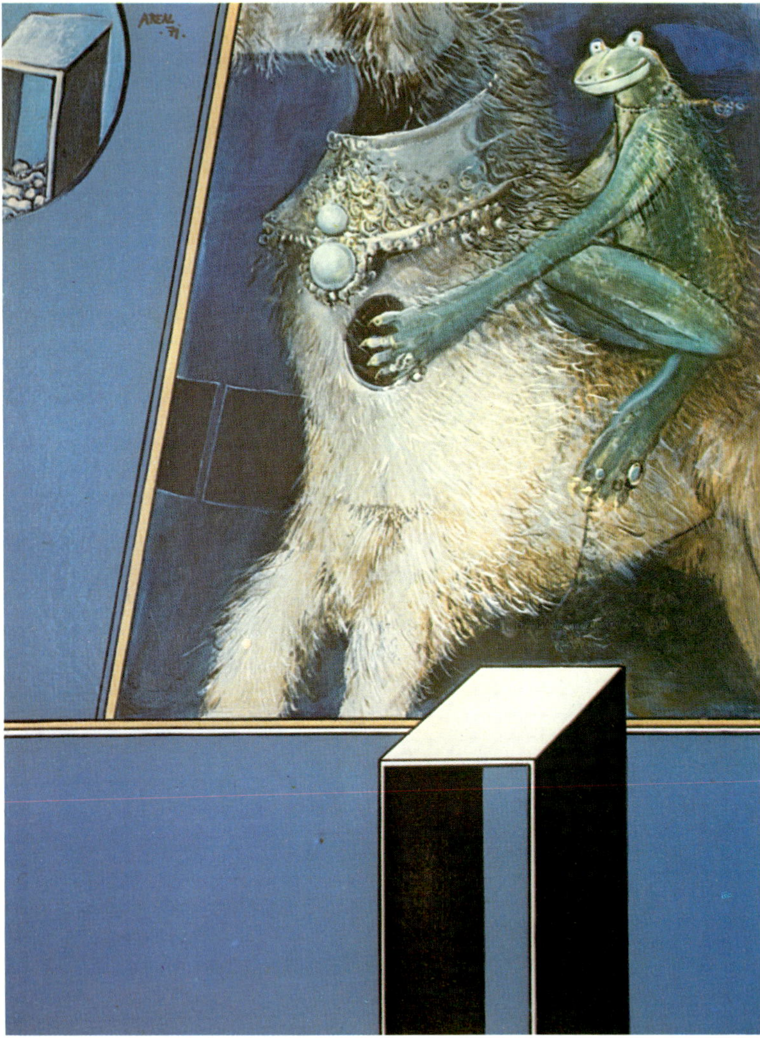

Antonio Areal, Blauer Reiter, 1971. Privatsammlung

dabei werden Gedichte von Cesariny, Antonio Mario Lisboa und Pedro Oom veröffentlicht. Der bemerkenswerteste Künstler ist Cruzeiro Seixas. Später äußert sich die surrealistische Haltung hauptsächlich in der Dichtung, im Umkreis der Zeitschrift *Pyramide,* wo Natalia Correia, Herberto Helder, Manuel de Lima, Ernesto Sampaio zu den Älteren hinzukommen. Eine Erneuerung des künstlerischen Surrealismus in den letzten Jahren geht auf das Wirken neuer Maler zurück, die an der Seite der Pioniere Cesariny, Cruzeiro Seixas und Vespeira stehen: Antonio Areal, Conçalo, Eduardo Luiz, Antonio Metello, Raul Perez, Antonio Quadros, Jorge Vieira. Areal ist gewiß der begabteste von allen, aber auch von den anderen Künstlern ist viel zu erwarten. Schließlich ist noch zu sagen, daß Cesariny, Natalia Correia, Helder, Lisboa und O'Neill heute zu den wichtigsten portugiesischen Dichterpersönlichkeiten zählen.

Prassinos, Gisèle (Istanbul 1920). »Ich habe Tinte in die Bratpfanne gespuckt.« Gisèle Prassinos war vierzehn Jahre alt, als sie den Surrealisten begegnete. Sie staunten über ihre Gedichte, in denen das automatische Schreiben vollkommen natürlich wie in Abzählreimen ablief, nur aggressiver. (*Die arthritische Heuschrecke,* 1935; *Das manische Feuer,* 1935; *Wenn das Geräusch arbeitet,* 1936). Seither schrieb sie Erzählungen oder Romane in der gleichen phantastischen Stimmung.

Prévert, Jacques (Paris 1900). »Ich plärre phonographisch für die Promenadenmischung der Vorort-Boulevards.« Von 1925 bis 1929 hat die surrealistische Lebenshaltung in Prévert seinen nachhaltigsten Ausdruck gehabt: reine Herausforderung an die Konvention und keinerlei Kompromisse. Auf seinen ersten wichtigen Text, *L'Ange garde-chiourme (Der Schutzengel der Ruderer)* (1930) folgt 1931 die donnernde *Tentative de description d'un diner de têtes à Paris-France (Beschreibungsversuch eines Abendessens der Häupter von Paris-Frankreich).* Dann arbeitet Prévert an Filmen (zuerst für *L'Affaire est dans le sac (Das Geschäft hätten wir in der Tasche),* gedreht von seinem Bruder Pierre Prévert. Jahrelang produziert er im Zweiergespann mit Marcel Carné (*Drôle de drame,* 1937; *Quai des brumes* [dt.: *Hafen im Nebel*], 1938; *Le jour se lève* [*Der Tag bricht an*], 1939; *Les Visiteurs du soir* [*Die Abendgäste*], 1942; *Les Enfants du paradis* [dt.: *Die Kinder des Olymp*], 1945). Der Erfolg seiner von Joseph Kosma vertonten Gedichte veranlaßt ihn, 1946 seinen ersten Gedichtband zu veröffentlichen: *Paroles* (dt. *Gedichte und Chansons,* 1950).

Queneau, Raymond (Le Havre 1903). »Ah grasen ah grasen und dann ganz nackt leben – und die Luft durch die Nasenlöcher einziehen.« Von 1925 bis 1929 ist er beteiligt an den surrealistischen Aktivitäten, erst spät profiliert er sich mit seiner eigenen literarischen Produktion. Aber sein sarkastischer und lockerer Ton, in der Dichtung *(Exercices de style,* 1947, dt. *Stilübungen,* 1961; *L'Instant fatal,* 1948) wie im Roman (*Pierrot mon ami,* 1942, dt. *Mein Freund Pierrot,* 1950; *Zazie dans le métro,* 1959, dt. *Zazie in der Metro,* 1960) markieren von vornherein sein eigenwilliges Verhältnis zur französischen Literatur.

Ray, Man (Philadelphia 1890 – Paris 1976). »Ich male, um geliebt zu werden.« Nach aktiver Beteiligung am New Yorker Dada-Wesen kommt Man Ray 1921 nach Paris, wo er von Breton und seinen Freunden in der Gruppe *Littérature* herzlich empfangen wird. Aber um seinen Lebensunterhalt bestreiten zu können, ist Man Ray gezwungen, Berufs-Photograph zu werden, und wird einer der bedeutendsten des Jahrhunderts. 1922 erfindet er das Verfahren der *Rayogramme* oder *Rayographien:* Indem er verschiedene Gegenstände auf eine photographische Platte legt und diese ohne Kamera belichtet, erhält er geheimnisvolle und überraschende Effekte. Zugleich malt er mit um so größerer Freiheit, als er von seiner Malerei weder Reichtum noch Ruhm erwartet. Viele seiner Bilder haben eine liebenswerte Nonchalance in der Malweise. Daneben macht er weiterhin Objekte mit mehr dadaistischem Esprit, darunter das *Geschenk* (1921), das berühmte Bügeleisen mit Nägeln auf der Unterseite. Seit einigen Jahren erkennt man endlich den Erfindungsreichtum Man Rays an. 1964 veröffentlichte er seine Erinnerungen *(Autoportrait* [Selbstporträt]).

Remedios, Remedios Lissagara Varo, *genannt* (Angles, Katalonien, 1913 – Mexiko 1953). In Barcelona begegnet sie 1936 Péret, wird dessen Gefährtin und geht 1941 mit ihm nach Mexiko. Anfangs steht ihre Malerei Dominguez nahe, entfaltet dann aber eigenartige Phantasie, in der die Alltagsdinge unerwartet magische Kräfte zu haben scheinen.

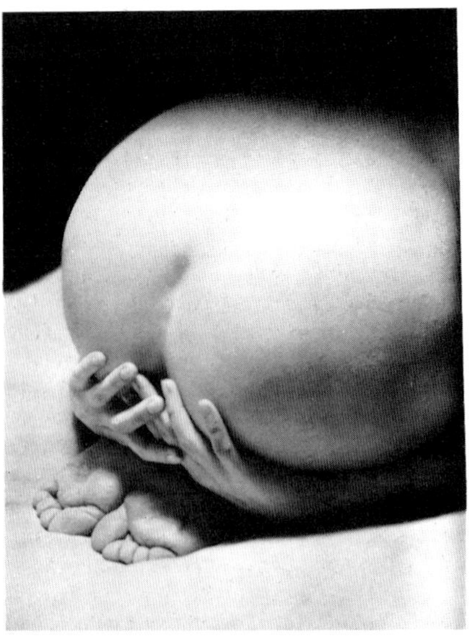

Man Ray, Das Gebet, 1930, Photographie auf Leinen

Revolution. »Ich erinnere daran, daß der surrealistische Pakt ein *dreifacher* ist; ich denke, die gegenwärtige Weltlage läßt es nicht mehr zu, eine Rangordnung der Imperative aufzustellen, aus denen sie besteht und die gleichzeitig in Angriff zu nehmen sind; an der gesellschaftlichen Befreiung des Menschen weitmöglichst mitwirken, die erstarrten sittlichen Vorurteile *völlig* abtragen, den menschlichen Verstand von Grund auf erneuern« (A. Breton, 1947).

Rigaut, Jacques (Paris 1899 – Chatenay 1929). »Ich werde ernst wie das Vergnügen sein.« Mit einem freundlich-abwesenden Lächeln lebte dieser Dandy die Erfahrung Dada und Surrealismus, um sich dann mit dem Revolver ins Herz zu schießen, als habe er sich seit zehn Jahren darauf vorbereitet.

Rimbaud, Jean-Arthur (Charleville 1854 – Marseille 1891). »Ich dämpfe die Flammen des Lüsters, ich werfe mich auf das Bett, und, zum Schatten mich wendend, sehe ich Euch, meine Mädchen! meine Königinnen!« Rimbaud's »lange, enorme und durchdachte *Verwirrung aller Sinne,*« setzt nach surrealistischer Auffassung die Erfahrung des automatischen Schreibens voraus. Aber in der »Wortalchemie« steckt auch viel Absicht, die »Als-Gedicht-Herrichten« zu wirken scheint. Die Revolte des jungen Rimbaud bewahrt ihren vorbildlichen Wert, aber sein späteres Verhalten (einschließlich des Kapitels von Harar in Äthiopien) steht im absoluten Widerspruch zur surrealistischen Haltung. Das beweist, daß der »Seher« den Glauben verloren hat, die Dichtung könne »das Leben ändern«.

Romans noirs / Schauerromane. Die phantastischen Erzählungen, die am Ende des XVII. und zu Anfang des XIX. Jahrhunderts in Großbritannien erschienen und deren wichtigste Verfasser Horace Walpole (*The Castle of Otranto,* 1764), Ann Radcliffe (*Udolpho,* 1794), Matthew Gregory Lewis (*The Monk,* 1795) und Charles Robert Maturin (*Melmoth,* 1820) waren, haben großen Einfluß auf die gesamte Romantik von Sade über Hugo, Balzac, Borel und Baudelaire bis zu Lautréamont ausgeübt. Die Surrealisten bewundern diese »Schauerromane« als das vollendete Beispiel des dichterischen Wunderbaren und als die totale Negation des naturalistischen oder psychologischen Romans.

Rumänien. Brauners Tätigkeit seit 1924 und die Zeitschriften **Unu** (1928 – 1931) und **Alge** (1930 – 1933) verbreiten den Surrealismus in Rumänien. Die Dichter Geo Bogza, Stefan Roll, Gellu Naum, Paul Paun, Luca und der Maler Perahim sind Brauners wesentliche Mitstreiter. Dieser geht 1930 nach Paris und schließt sich 1932 den Surrealisten an. Ihm folgen 1938 – 1939 Luca und Naum. Während des Krieges geht die Aktivität der rumänischen Surrealisten insgeheim weiter und kommt schon 1944 – 1945 mit Luca, Naum, Paun, Virgil Theodorescu und Trost wieder zu Wort, vor allem in zahlreichen lyrischen oder theoretischen Veröffentlichungen im Verlag des Vergessens (Bukarest). 1948 ziehen Luca und Trost nach Paris und nehmen bis 1953 an den Pariser Ereignissen teil. Reflektion über Liebe

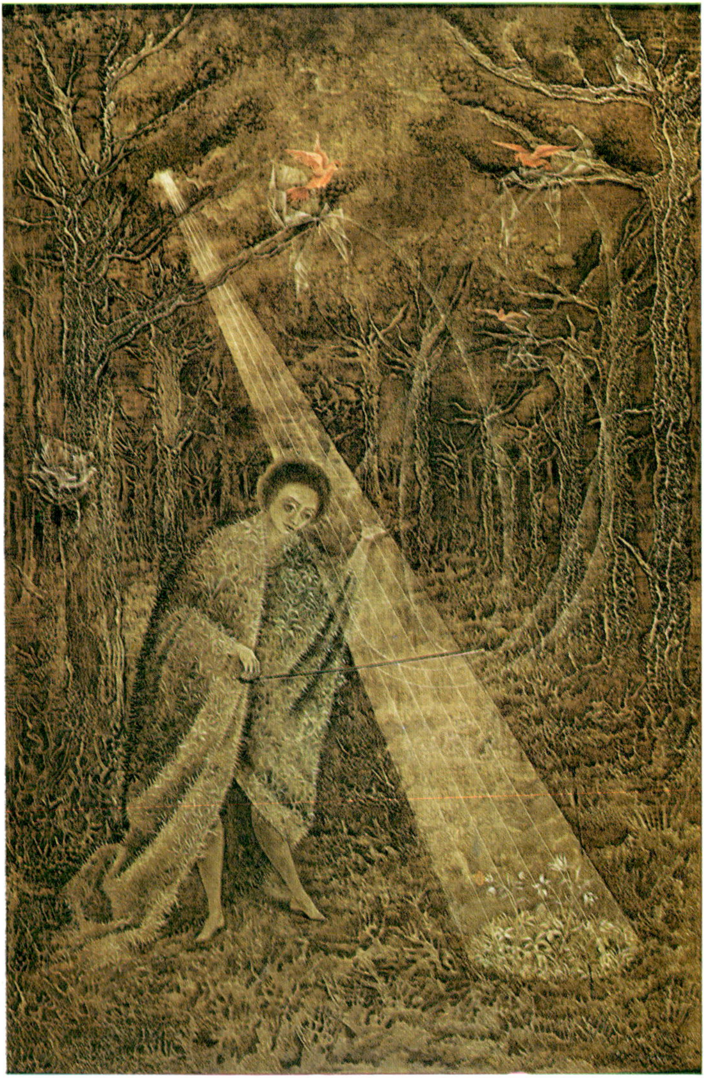

Remedios, Sonnenmusik, 1955. Sammlung Eva Sulzer, Mexiko

und Erotik gibt den surrealistischen Unternehmungen in Rumänien den Hauptimpuls.

Sade, Donatien Alphonse François, Marquis de (Paris 1740 – Charenton 1814). »Das ganze Glück des Menschen liegt in seiner Imagination.« Die Surrealisten sehen Sades Verdienst darin, daß er die Heftigkeit des sexuellen Begehrens brutal beleuchtet und aufgezeigt hat, wie die Gesellschaftsordnung auf die Unterdrückung dieses Begehrens aufbaut. In seinen Büchern (*Justine ou les Malheurs de la vertu,* 1791, dt. *Justine,* 1967; *La Philosophie dans le boudoir,* 1795, dt. *Die Philosophie im Boudoir,* 1970; *Histoire de Juliette,* 1797, dt. in *Justine und Juliette,* 2 Bde., 1904; *Les Cent vingt journées de Sodome,* 1904) hat er das Begehren ohne Einschränkung gepriesen und als streng materialistischer Philosoph, eine vernichtende Kritik an der Gesellschaftsordnung und ihren religiösen und ethischen Fundamenten geübt. Die beiden Männer, die im XX. Jahrhundert am meisten für de Sades Werk getan haben, Maurice Heine (1884 – 1940) und Gilbert Lély (geb. 1900), waren eng mit der surrealistischen Gruppe verbunden.

Sadoul, Georges (Nancy 1904 – Paris 1967). Leicht betrunken, richten Sadoul und J. Caupenne 1930 einen Schmähbrief an den Examensbesten der Heeresoffiziersschule Saint-Cyr.

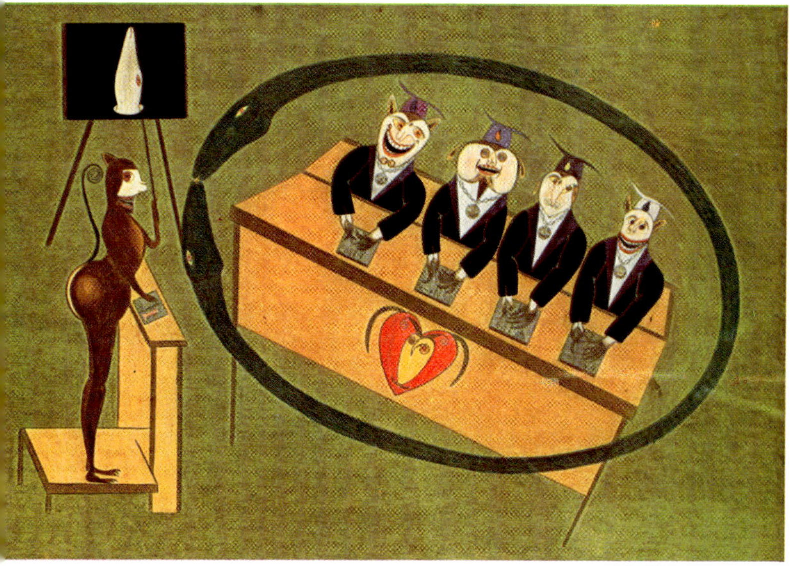

Friedrich Schröder-Sonnenstern, Die mondmoralische Vorlesung, 1956. Privatsammlung

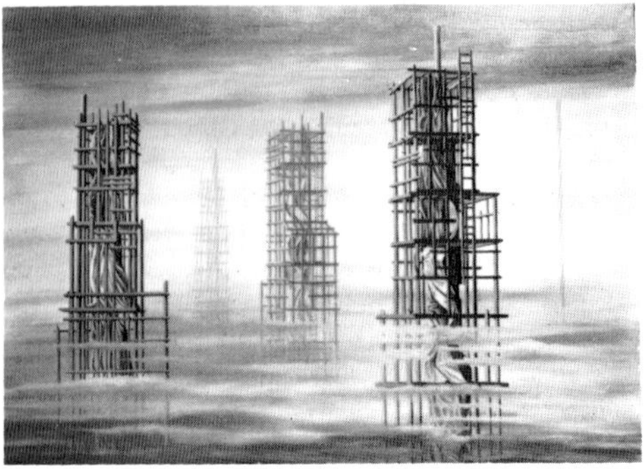

Kay Sage, Tomorrow is never, 1955. Metropolitan Museum of Art, New York

Da er eine Entschuldigung verweigert, wird Sadoul zu sechs Monaten Gefängnis mit Bewährung verurteilt. Dann begibt er sich mit Aragon zum Kongreß in Charkow, wo beide ihre surrealistische Aktivität schriftlich widerrufen müssen, was bei ihrer Rückkehr den endgültigen Bruch mit Breton und seinen Freunden zur Folge hat. Später schreibt Sadoul eine monumentale *Geschichte des Films,* die allerdings weder von Fehlern noch von Leidenschaft frei ist.

Sage, Kay (Albany 1898 – Woodbury 1961). 1938 begegnet sie Tanguy und wird seine Frau. Wie Tanguy malt sie mit größter Präzision die Bezüge der Formen zum Tiefenraum. Aber im Gegensatz zu Tanguy ist Kay Sages Universum eher städtisch, die zukünftige, vielleicht aber schon tote Stadt, wie nach einer geheimnisvollen Katastrophe.

Sánchez, José (Venezuela 1938). Er schildert eine phantastische, von erotischen und anarchistischen Instinkten erfüllte Fauna, die sich in einer feuchten Atmosphäre entfaltet. Beobachtungen der Avantgarde-»Comics« scheinen bei ihm mit dem fernen Widerhall der Graphismen des vorkolumbianischen Amerika zusammenzutreffen.

Savinio, Andrea de Chirico, *genannt* Alberto (Athen 1891 – Rom 1952). »Sucht in der Malerei zu verwirklichen, was Michaux in manchen Gedichten verwirklicht hat«, schrieb 1929 die Zeitschrift *Bifur* über Savinio, der seit einigen Jahren mit dem Malen begonnen hatte. Leider wird die fieberhaft verrückte Erfindung in Savinios Bildern schwerfällig durch die Malweise, die sich am Stil de Chiricos nach 1919 orientiert. Savinio war auch Musiker, sein Bestes aber hat er in seltsamen Texten gegeben. Die ersten sind lyrische Kommentare zu den Gemälden aus der genialen Periode seines Bruders (*Die Gesänge des Halbtodes,* 1914; *Leben der Phantome,* 1962).

Schehadé, Georges (Alexandria, Ägypten, 1910). »Der Träumende vermischt sich mit der Luft.« Kostbar und diskret, versteht es die Dichtung

Schehadés, sich ihr Glück aus feinschmeckerisch erfaßten kleinen Nichtigkeiten zu schaffen (*Les Poésies,* 1952). Auf die Bühne hat Schehadé mit *Monsieur Bob'le* (1951; dt. 1957) die Sehnsucht nach einzigartigen und ergreifenden Riten oder nach Reisen aus vagen Traum-Motiven gebracht.

Schlafzustände. Auf Vorschlag Crevels lassen Breton und seine Freunde 1922 die Tische sprechen. Crevel, Desnos und Péret schlafen ein, sprechen, schreiben oder zeichnen im Trancezustand. Das drei Jahre lang geübte automatische Schreiben erfährt in »Schlafzuständen« eine Art ergänzende Nachprüfung. »Die psychologische Auswirkung auf die Gruppe, halluzinatorische Epidemie, ruft bei den Surrealisten den lebhaften Eindruck hervor, nach Belieben in einem dichterischen Zustand zu leben, den alten Gegensatz zwischen Wachen und Träumen überwunden zu haben, die erste befreite dichterische Gemeinschaft zu sein« (Durozoi und Lecherbonnier, *Le Surréalisme,* 1972).

Schröder-Sonnenstern, Friedrich (Litauen 1892). Wie es scheint, zeichnet Schröder-Sonnenstern, der »Sohn der Sonne«, seit 1949 in den Ruinen von Berlin systematisch mit Buntstiften seltsame mythologische Szenen. Erinnerungen an biblische Themen durchsetzen sich unentwirrbar mit seinen eigenen Zwangsvorstellungen. Aber nicht bloß jüdisch-christliche Themen (Adam und Eva, die Arche Noahs, das Verlorene Paradies, »Du wirst im Schweiße deines Angesichts arbeiten«, usf.) inspirieren den Künstler, sondern ganz allgemein die volkstümlichen Klischees der westlichen Kultur, die unerwartet in seiner frischen und ätzenden Phantasie aufleben und sich verwandeln. Sein bildnerisches Erfinden charakterisiert sich durch eigenartig analogisches Vorgehen auf der Ebene des begrifflichen Denkens: etwa die Nase, die Ohren und das Kinn formen sich um in ihre tierische Entsprechung. Beide erscheinen durchaus untrennbar in dem Wahn, von dem Schröder-Sonnenstern sehr sicher geleitet wird. Von seiner Existenz unterrichtete Hans Bellmer 1959 die Surrealisten, die in ihm die reine Form der surrealistischen Kreativität erkannten.

Schuster, Jean (Paris 1929). »Alles, was man gewinnt, geht anderswo verloren, alles, was man verliert, wird anderswo gewonnen.« Er kommt 1947 zur surrealistischen Gruppe und hat bald das Vertrauen Bretons, der sonst niemandem so leicht vertraut. 1958 gründet er mit D. Mascolo das Blatt *Le 14 Juillet* (Nationalfeiertag: Erstürmung der Bastille), das als Sammelbekken der linksintellektuellen Opposition gegen das aus dem Staatsstreich vom 13. Mai hervorgegangene Regime gedacht ist. Schuster leitet dann die Zeitschrift *L'Archibras* (1967 – 1969). 1969 veröffentlicht er *Archives 57 – 68, Batailles pour le surréalisme (Archive 57 – 68, Schlachten für den Surrealismus)* und läßt am 4. Oktober in der Tageszeitung *Le Monde* den Text »Le quatriéme chant« (Der vierte Gesang) erscheinen, in dem er die Hindernisse für unüberwindlich erklärt, die sich jetzt jeder kollektiven Tätigkeit nach dem Muster des »historischen« Surrealismus entgegenstellen. Gleichzeitig schlägt er vor, neue Äußerungsformen zu suchen (wie die von ihm ange-

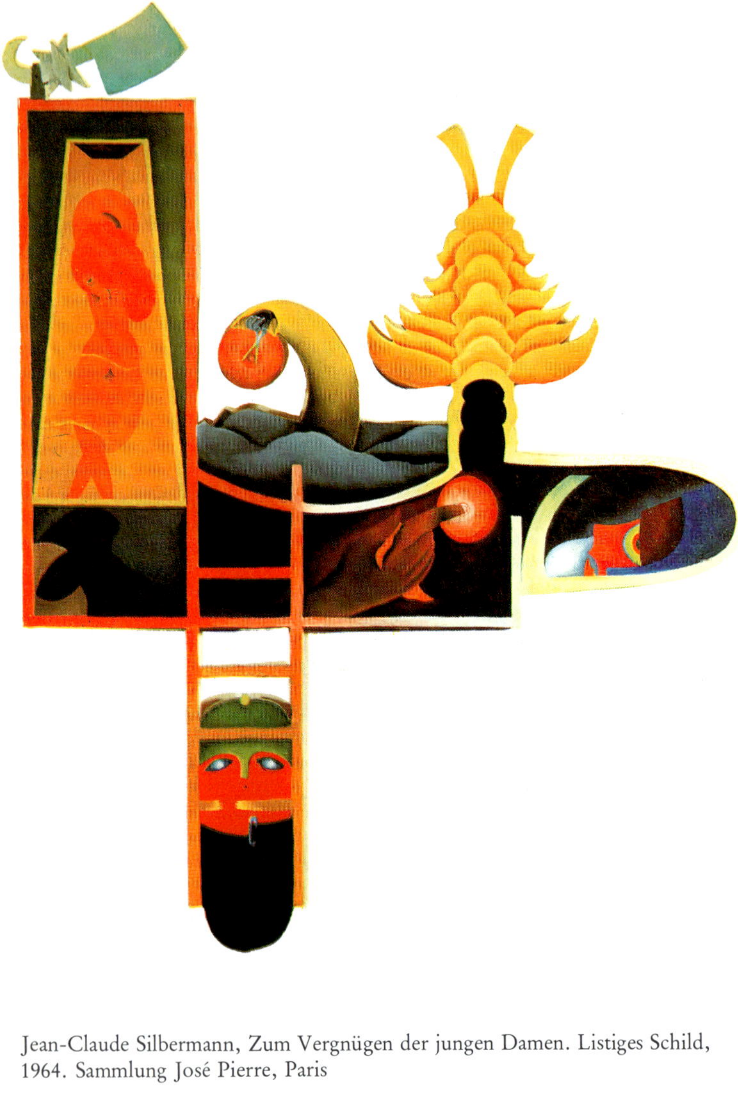

Jean-Claude Silbermann, Zum Vergnügen der jungen Damen. Listiges Schild, 1964. Sammlung José Pierre, Paris

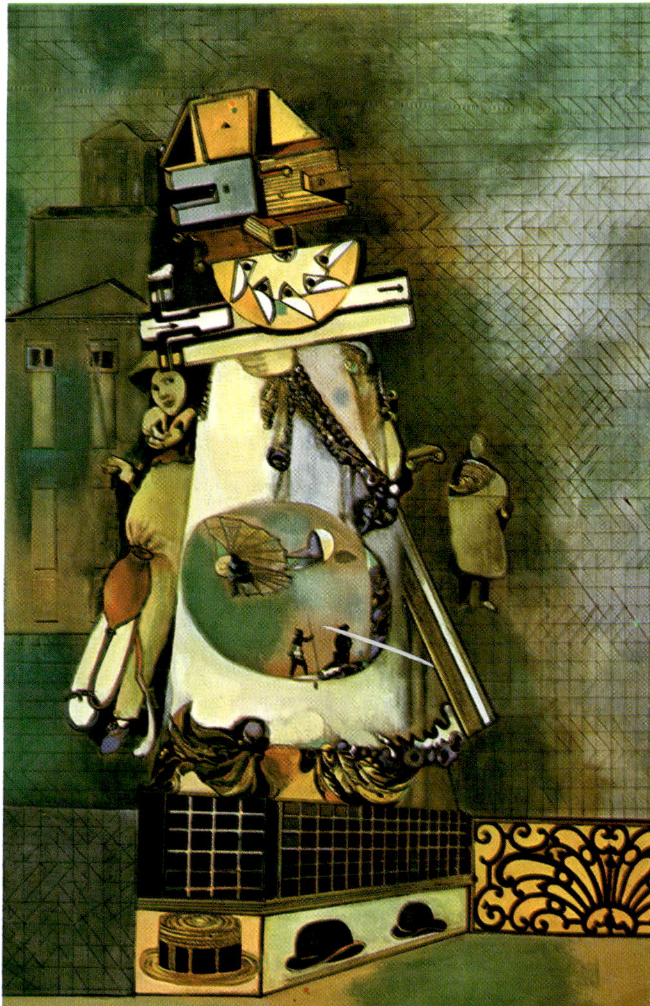

Endre Nemes, Legende einer Mutter, 1970. Privatsammlung

regte Zeitschrift *Coupure)* für eine Gegenwart und Zukunft, die einigermaßen neben den großen Momenten des historischen Surrealismus bestehen können.

Schwarzer Humor. »Der schwarze Humor ist ein verhöhnendes Lachen, das aus den Tiefen des empörten Ich aufsteigt, die öffentliche Meinung und das kosmische Schicksal provoziert und herausfordert« (M. Carrouges). Die *Anthologie des schwarzen Humors* von Breton, die 1940 erscheinen sollte, wurde von der Zensur der Regierung von Vichy nicht genehmigt und erschien erst 1950. Sie beginnt mit Swift, Sade und Lichtenberg, feiert neben anderen Bekannteren Lacenaire, Grabbe, Forneret, Cros, hebt Allais, Brisset, Synge, Jarry, Roussel, Cravan, Vaché in den Himmel, und reicht von Duchamp bis zu zahlreichen Surrealisten, darunter Arp, Péret, Prévert, Dali, Carrington.

Schweden. Der surrealistische Einfluß wird in Schweden frühzeitig spürbar, bei den Dichtern Artur Lundkvist (geb. 1906), Ekelof, Vennberg und Asklund, und bei den Malern Gösta Adrian-Nilsson, *genannt* GAN (1884 – 1965) und Gunnar Löberg (1893 – 1950). Jedoch kommt es zu keiner Zusammenarbeit, wie die Surrealisten sie auffassen, obwohl sich in den dreißiger Jahren die Halmstad-Gruppe und später die der Imaginisten bildet, in der sich 1948 neben Svanberg Carl Otto Hultén (geb. 1916), Anders Österlin (geb. 1926), Gösta Kriland (geb. 1917), und Bertil Gadö (geb. 1916) zusammenfinden. Nicht minder wichtig war die Initiative einzelner, wie die des bemerkenswerten Zeichners Folke Dahlberg (1912–1966), des Bildhauers Egon Møller-Nielsens (1915–1959), Thea Ekströms (geb. 1920), Sven-Erik Johanssons (geb. 1925) und Ragnar von Holtens. Aber die beiden Persönlichkeiten, die trotz ihrer Unabhängigkeit am meisten surrealistischen Geist haben (Svanberg

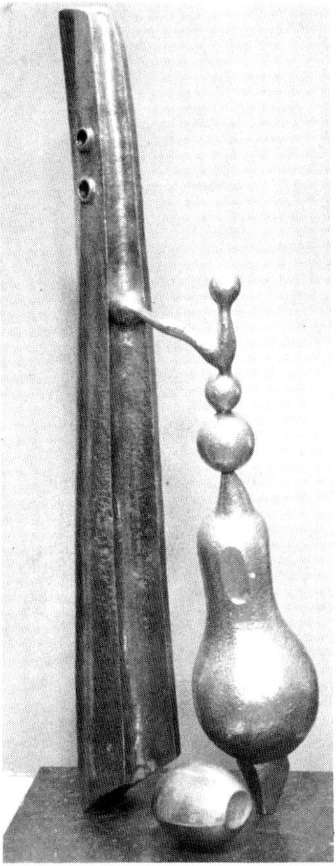

Eric Grate, Die Atlantiden beweinen ihr verlorenes Ostern, 1932, Bronze

ausgenommen), sind fraglos die Bildhauer Eric Grate (geb. 1896) und der Maler Endre Nemes (geb. 1909). Grate ist eines der besten Beispiele für die im XX. Jahrhundert auf dem Gebiet der Plastik errungene Freiheit. Nemes wiederum kommt von einer gewissen »metaphysischen« Malerei zu einer mit poetischen Vorzeichen.

Seligmann, Kurt (Basel 1901 – New York 1962). Für Esoterik und Heraldik begeistert, malt Seligmann, der von 1934 bis 1944 zur surrealistischen Gruppe gehörte, in frenetischer Manier. In Tücher gehüllte, verschleierte Gestalten scheinen von einem Sturm gepackt zu werden, der später die Gegenstände und die Landschaft selbst erfaßt, und die Atmosphäre erinnert an die der »Schauerromane«. Berühmt sind Seligmanns surrealistische Objekte, wie etwa das *Ultra-Möbel* (1938); 1956 veröffentlichte er den *Spiegel der Magie*.

Signe ascendent / Aufsteigendes Zeichen. Für Breton kann der Sinn, der die beiden Pole einer Metapher verbindet, nur ein aufsteigender sein. »(Die Metapher) erzeugt zwischen der ersten und der zweiten dieser Wirklichkeitsebenen eine vitale Spannung aus Gesundheit, Vergnügen, Stille, Dankesbeweisen und liebgewordenen Gepflogenheiten. Das Abwertende und das Niederdrückende sind ihre Todfeinde.« Als Beweis zitiert er dieses Zen-Gleichnis: »Aus buddhistischer Güte schuf Basho eines Tages eine geschickte Abwandlung des grausamen Haikai, das sein Schüler Kikaku mit Humor verfaßt hatte. Dieser hatte gesagt: »Eine rote Wasserjungfer – reiß' ihr die Flügel aus – ein roter Pfeffer«; Basho ersetzte es durch: »Ein roter Pfeffer – gibt ihm Flügel – eine rote Wasserjungfer.«

Silbermann, Jean-Claude (Boulogne-Billancourt 1935). »Nichts zu verlieren – außer dieser giftigen Sorge – um die Sorglosigkeit.« Er kommt 1956 zunächst als Dichter zum Surrealismus und veröffentlicht 1958 seinen ersten Band *Au puits de l'ermite (Beim Einsiedlerbrunnen).* 1961 beginnt er zu malen und findet bald sein eigenes Konzept, aus Holz gesägte und bemalte »listige Schilder« (1963 – 1965), das Wuchern aggressiver oder freudiger Bilder, das der Automatismus in ihm freisetzt. Sein Stil artikuliert sich dann objektiver in Metaphern mit fruchtbarer Dualität (»rechte Hand«) mit automatischer Schreibweise (»linke Hand«). Seit 1970 malt er wieder mit verstärkter Erfindungsgabe »Schilder«.

Soupault, Philippe (Chaville 1897). »Spiegel in den Augen und Wind im Lachen – ich erkenne einen Unbekannten, der ich selber bin.« Mit Aragon und Breton ist er einer der Gründer von *Littérature.* Gemeinsam mit Breton schreibt er das früheste surrealistische Buch, die *Champs magnétiques* (Magnetische Felder) (1919). Seine Dichtung ist leicht, verstohlen, sogar flüchtig (*Westwego,* 1922; *Georgia,* 1926). Auf der Ebene des persönlichen Verhaltens werden diese lyrischen Qualitäten aber zu Äußerungen einer chronischen Unstetigkeit. Und vom Journalismus zum Roman (*Le Bon Apôtre* [*Der gute Apostel*], 1923), vom Essay bis zu den Erinnerungen verausgabt Soupault sich auf liebenswürdige Weise außerhalb seiner sur-

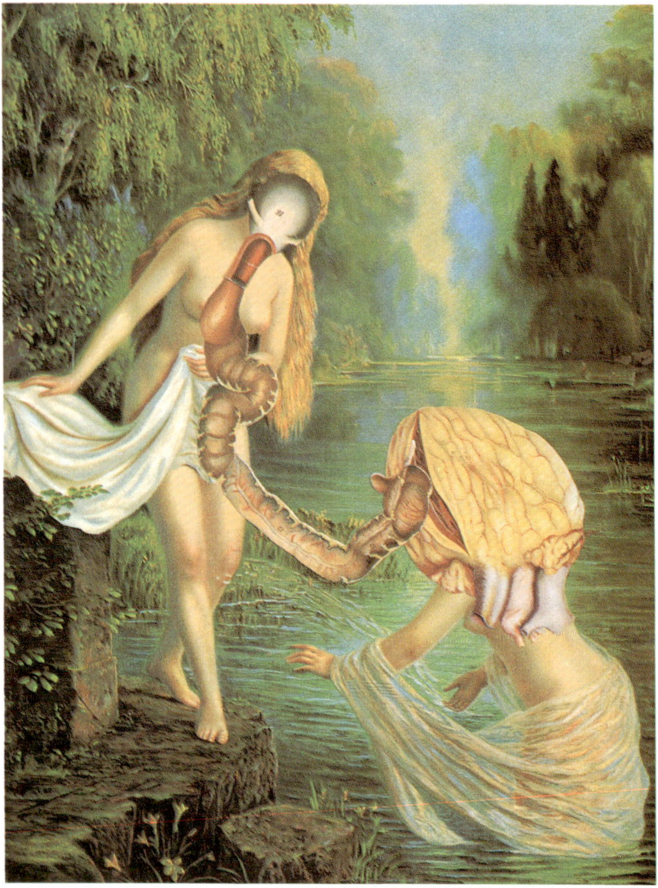

Jindrich Styrsky, Das Bad, 1934, Collage, Privatsammlung, Paris

realistischen Produktion, bis die Gedächtnislücke eine seiner Spezialitäten wird.

Spiele. »Wenn der Schatten deines Schattens eine Spiegelgalerie besuchte – Würde die Fortsetzung auf unbestimmte Zeit auf die nächste Nummer vertagt werden.« Vom »Cadavre exquis« (s. Stichwort) (1925) bis zu »Das Eine im Anderen« (1954), vom Spiel der »Fragen und Antworten« (1928) bis zur »Analogiekarte« (1957) wurden Spiele im täglichen Leben der surrealistischen Gruppe sehr wichtig genommen. Neben der Freude am Spiel und der Absicht, den inneren Zusammenhalt der Gruppe im Spiel zu prüfen, haben sie auch zwanglos zur Erarbeitung und Vertiefung der grundlegenden Einstellung der Bewegung beigetragen: ihre Haltung gegenüber den großen Namen der Geschichte, der Kunst oder der Literatur (»Niederschriften«, »Öffnen Sie?« »Analogiekarte«), zum Sinn des dichterischen Bildes (»Cadavre exquis«, »Fragen und Antworten«, »Das Eine im Anderen«); ihre moralische Haltung (»Wahrheitsspiel«), und ganz allgemein die poetische Einstellung in ihrer Erweiterung auf alle Aspekte des Lebens (Vorschläge zur »Irrationalen Verschönerung einer Stadt«, Deutung eines Bildes von de Chirico, eines Films von Josef von Sternberg, usw.). »Das surrealistische Spiel scheint zu bezwecken«, schreibt Ph. Audoin, »den Menschen in seinen Stand als Sohn der Sonne einzusetzen, anders gesagt, als Besitzer des *Steins der Weisen*«.

Styrsky, Jindrich (Cermna 1899 – Prag 1942). »Meine Kindheit ist mein Vaterland. Meine Träume sind mein Vaterland.« Nach Werken von ganz zurückhaltender Poesie verblüffen Styrskys Collagen und Gemälde seit 1934 durch ihre erotische Heftigkeit und tragische Spannung. Insbesondere haben seine Collagen mit denen von Max Ernst außer dem Verfahren nichts gemein: wo Max Ernst sich zum Illustrator des phantastischen Romans machte, entblößt Styrsky seine eigenen Phantasmen mit einer manchmal grausamen Scharfsichtigkeit. Die Vision in den Gemälden ist ebenso intensiv. Styrskys Auseinandersetzung mit dem Traum ist Gegenstand in seinem posthum erschienenen Gedichtband *Träume* (1970).

Surrealismus. »Subst. m., reiner, psychischer Automatismus, durch den man den wirklichen Ablauf des Denkens mündlich, schriftlich, oder auf jede andere Weise auszudrücken sucht. Diktat des Denkens ohne jede Kontrolle durch die Vernunft und außerhalb aller ästhetischen oder ethischen Fragestellungen. – Philos. Der Surrealismus beruht auf dem Glauben an die übergeordnete Wirklichkeit bestimmter, bis heute vernachlässigter Assoziations-Formen, an die Allgewalt des Traums, an das absichtsfreie Spiel des Denkens. Er zielt darauf hin, alle anderen psychischen Mechanismen zu zerstören und ihre Stelle bei der Lösung der wichtigsten Lebensprobleme einzunehmen« (A. Breton, *Manifeste du Surréalisme,* 1924).

Surrealistisch. »Noch in Jahrhunderten wird alles in der Kunst surrealistisch sein, was mit neuen Mitteln die geistige Emanzipation vorantreibt« (A. Breton, 1950).

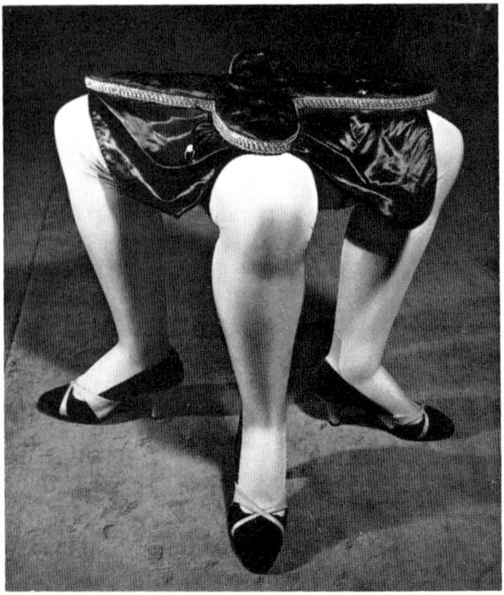

Kurt Seligmann, Das Ultra-Möbel, Internationale Surrealisten-Ausstellung, Paris 1938

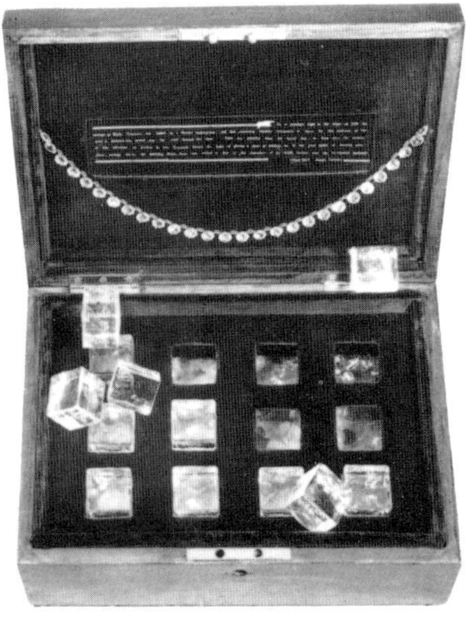

Joseph Cornell, Schmuckkoffer der Taglioni, 1940. Museum of Modern Art, New York

Surrealistische Zeitschriften (in Frankreich). »*Littérature* (33 Nummern: 1919 – 1924) ist die erste eigentlich surrealistische Zeitschrift. Schon gleich zu Anfang veröffentlicht sie nämlich die *Dichtungen* von Isidore Ducasse und die *Champs magnétiques* von Breton und Soupault. Die dadaistischen Äußerungen in der Zeitschrift haben ständig ein Gegengewicht in einer wissenschaftlichen Einstellung und einer moralischen Zielsetzung, die Dada an sich ganz fremd waren« (*Dictionnaire abrégé du surréalisme*, 1938). Die beiden großen Zeitschriften des Surrealismus sind jedoch *La Révolution Surréaliste* (12 Nummern: 1924 – 1929) und *Le Surréalisme au service de la Révolution (Der Surrealismus im Dienste der Revolution* (6 Nummern: 1930 – 1933). Danach haben die Surrealisten an *Minotaure* (1933 – 1939) mitgearbeitet. *VVV* oder *Triple V* wird während des zweiten Weltkrieges zur Zeitschrift der surrealistischen Gruppe in New York (3 Nummern: 1942 – 1944). Danach bezeichnet das Erscheinen von *Néon* (5 Nummern: 1948 – 1949) eine neue Phase der Pariser surrealistischen Bewegung; es folgt *Médium*, erst als Blatt (8 Nummern: 1952 – 1953), dann als Zeitschrift (4 Nummern: 1954 – 1955). Eine verhältnismäßig luxuriöse Zeitschrift, *Le Surréalisme, même* (5 Nummern, 1956 – 1959), die allerdings unregelmäßig erscheint, wird gleichzeitig durch ein Brandblatt ergänzt: *Brief* (1958 – 1960). Eine Veröffentlichung in bescheidener Aufmachung *La Bréche* (8 Nummern, 1961 – 1966), bricht mit Bretons Tod ab. *L'Archibras* (7 Nummern, 1967 – 1969) hört auf zu erscheinen, als ernsthafte Meinungsverschiedenheiten unter den Surrealisten ausbrechen. Seit 1969 gibt J. Schuster mit G. Legrand und J. Pierre die Zeitschrift *Coupure* heraus (7 Nummern erschienen). Parallel dazu erscheint ein *Bulletin international du surréalisme.*

Surrealistischer Gegenstand. In der *Einführung zu der Rede über das bißchen Wirklichkeit* schlägt Breton 1924 vor, »einige der Gegenstände, die man nur im Traum erkennt«, herzustellen und in Umlauf zu setzen. Aber erst 1930 reagiert Giacometti mit *L'Heure des Traces (Die Stunde der Spuren)* auf diesen Vorschlag. Sogleich bringt Dali das Konzept des »surrealistischen Gegenstandes mit symbolischer Funktion« vor, wofür dann Breton, Gala, Valentine Hugo

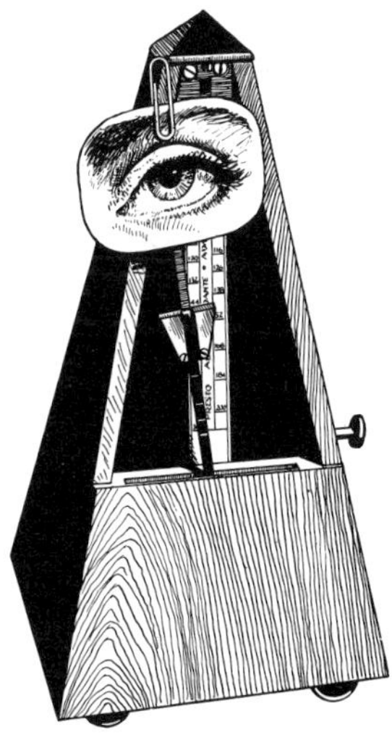

Man Ray, Gezeichnete Wiedergabe des »Objekts zum Zerstören« von 1932

etliche Beispiele gaben (1931). Gemeinsam ist den verschiedenen Gegenständen, daß sie erotische Empfindungen suggerieren oder tatsächlich auslösen. Darüber braucht man sich nicht zu verwundern, wenn man weiß, wie eng sie mit den Überlegungen zum *Objet trouvé (dem gefundenen Gegenstand)* zusammenhängen, die seit *Nadja* (1928) in den Texten Bretons häufig vorkommen. Er versucht zu zeigen, daß der »Fund« die Antwort auf eine – im allgemeinen unformulierte – Frage ist, die mit dem sexuellen Wunsch zusammenhängt. Als die einengende Forderung nach »symbolischem Funktionieren« fallengelassen wird, eröffnet sich dem surrealistischen Objekt ein praktisch unbegrenztes Forschungsfeld. Es steht außerdem jedermann offen, denn der Gegenstand ist meistens aus wertlosen Materialien, der Zusammenbau technisch nicht schwierig. Es wird also gar keine künstlerische Qualifikation vorausgesetzt. Zwar kam es dann auf diesem Gebiet zu einer üppigen Blüte (die berühmtesten Objekte sind von Brauner, Dominguez, Miró, Meret Oppenheim, Paalen, Seligmann, Tanguy). Trotzdem muß man sich aber fragen, ob die Surrealisten den surrealistischen Gegenstand bis in seine letzten Konsequenzen ausgeschöpft haben. Man hat eher den Eindruck, daß er den Malern der Bewegung zur Erholung gedient hat, während es sich doch in Wirklichkeit um eine richtige Kriegsmaschine gegen die herkömmliche Malerei und Skulptur handelte, wie es später Pop Art und Nouveau Réalisme aufgefaßt haben, die allerdings die dichterische Dimension des surrealistischen Gegenstandes fast ganz aufgegeben haben.

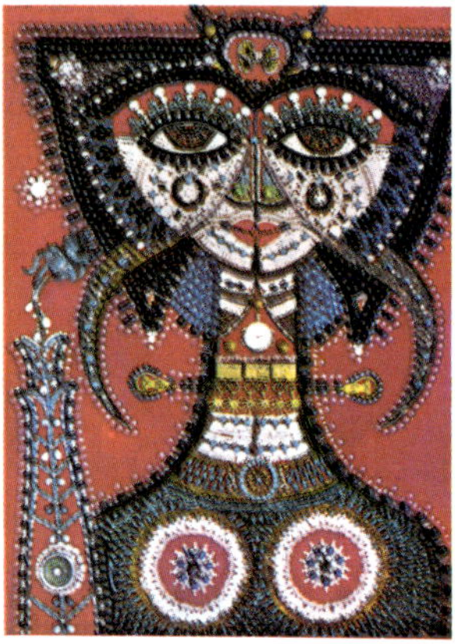

Max Walter Svanberg, Porträt eines Sterns, Porträt III, 1952, Perlenmosaik

Svanberg, Max Walter (Malmö 1912). »Da höre ich das zerbrechliche Geräusch der Porzellanfrauen, die ihre Röcke zum Himmel heben, wo mein Herz schlägt, wo das Licht blauer denn je ist.« 1953 entdecken Breton und seine Freunde das Werk Svanbergs, der wie kein anderer surrealistischer Maler die Frau preist. In diesem Werk wird die Frau nämlich zur Stätte der Metamorphosen. Die ganze Schöpfung vom Pflanzenreich bis zum Tierreich (mit besonderer Erwähnung von Vogel und Insekt) trägt dazu bei, sie in einem Kreuzfeuer von Metaphern zu definieren. Die erotische Halluzination ist hier ständige Anbetung, die von den Bildern über die »Perlenmosaiken« bis zu den Photocollagen der letzten Jahre keinen Augenblick lang schwankend wird.

Tanguy, Yves (Paris 1900 – Woodbury, USA, 1955). 1923 sieht Tanguy (wie einige Jahre früher Breton) im

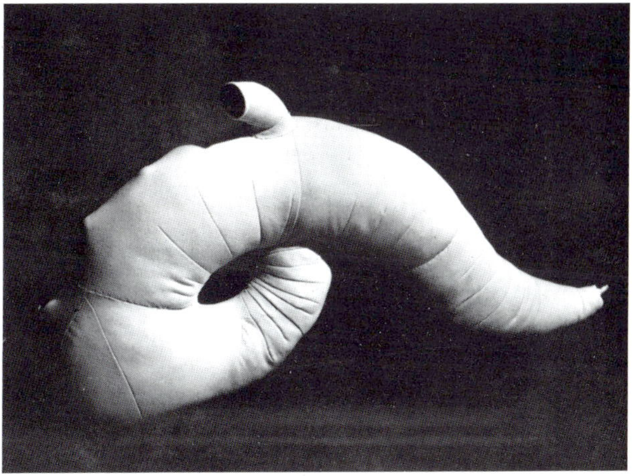

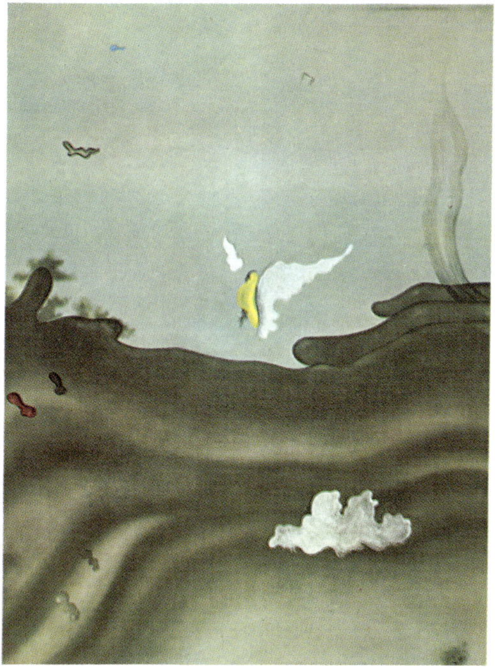

Dorothea Tanning,
Die Sünde, 1969,
Stoffplastik

Yves Tanguy,
Sommer um vier Uhr,
Hoffnung, 1929.
Privatsammlung, Paris

Schaufenster des Händlers Paul Guillaume das *Gehirn des Kindes* von de Chirico. Der ehemalige Steuermann-Schüler verspürt einen solchen Schock, daß er sofort ohne Ausbildung anfängt zu malen. 1925 schließt er sich mit seinen Freunden Jacques Prévert und Marcel Duchamp der Gruppe der Surrealisten an. Seine Bilder kennzeichnete damals ein merkwürdig abgewandelter Populismus. 1926 entsteht dann eine Reihe von Bildern, indem er »automatische« Zeichnungen (Kratzspuren, Arabesken, Locken, Büschel, Spitzen) auf die farbig grundierte Leinwand überträgt. Sie erzeugen ein Universum von Rauch, Gestrüpp, Phantomen, in dem die Schwerkraft nicht mehr Gesetz ist. Das Vorbild Redons scheint bei dem Entstehen dieses ungreifbaren Reiches mitgespielt zu haben. Ein rauher Wind legt die Formen auf den Boden oder zieht sie auf den Dünen flach in die Länge. Aber die Fremdartigkeit mancher schwebender oder nicht schwebender Körper wird so deutlich wie die der Landschaft. Es ist und ist doch nicht der bretonische Strand, auf den Tanguys Malerei zurückzuführen so verlockend scheint und unnütz bleibt. 1930 werden Dunst und Quallen von steilen Kreidefelsen, lauter phantastische Paläste, abgelöst. Seit 1932 breitet der Strand sich wieder auf Tanguys Bildern aus, aber hier weht kein Wind mehr, und das immer noch verschleierte Licht wird heller. Am typischsten für diese Periode ist das Aufstapeln von Gegenständen in mehreren Ebenen. Sie werden peinlich genau geschildert und widersetzen sich doch jeder Identifikation.
Strandgut, verblichene Skelette in der Wüste, Felsen, Muscheln, menschliche Bauten, Lebewesen? Gewiß all das, und noch etwas: Formen, die der Künstler mit der Methode des Zufalls erzeugt und mit geduldigem, aber abenteuerlichem Pinsel deutet. Tanguy verweigert außerdem jeden Kommentar zu seiner Malerei: er malt, und damit Schluß. Und er bildet sich nichts darauf ein. Er beschuldigt sich selbst, wenn es ihm (selten genug) gelingt, ein Bild zu verkaufen. 1939 geht er mit Kay Sage in die Vereinigten Staaten und bleibt dort bis zu seinem Tode; sein Werk setzt sich lückenlos fort. Höchstens bemerkt man, daß die Steine (oder was man für Steine halten könnte) unerbittlich in den Raum seiner Gemälde eindringen, als ob jeder neue Stein einen Lebenstag weniger für den Maler bedeute. Das Werk Tanguys ist für uns heute ebenso geheimnisvoll wie am ersten Tag, erstarrt, schweigend, erhaben.

Tanning, Dorothea (Galesburg, Illinois, 1912). Als sie 1942 in New York Max Ernst kennenlernt, ist ihre Malerei bereits phantastische Beschwörung ihrer Biographie. Ausdauernd beschreibt sie die eigenartige pubertäre Entwicklung vom kleinen Mädchen zum jungen Mädchen, von Alice zu Lolita *(Eine kleine Nachtmusik,* 1946). Aber seit 1960 etwa folgen auf diese Evokation der weiblichen Reifezeit angespannte Bilder von Verwirrungen in fleischlichen Paradiesen. Der originellere Beitrag Dorothea Tannings scheinen dagegen die Plastiken von 1969 – 1970 mit ihren ambivalenten Formen aus Stoff, Filz, Spitzen und Pelzen zu sein.

Télémaque, Hervé (Port-au-Prince, Haiti, 1937). Wie seine Vorbilder

Gorky und Lam artikuliert er seit 1960 in subjektiv erregten und farbenkräftigen Bildern expressiv seine Vorstellungen. Seit Ende 1962 übersetzen zunehmend unpersönlich wirkende Gegenstände die Seelenzustände des Künstlers (etwa wie im Rebus). Eine Metamorphose wie diese könnte – wenn sie sorgsam ausgeführt wird – ohne historische Untersuchung erhellen, welche Verbindung zwischen der »automatischen« und der »objektiven« Richtung der surrealistischen Malerei trotz offenkundiger stilistischer Gegensätze besteht.

Thirion, André (Baccarat, 1907). Als Gewerkschaftsfunktionär und bedeutendes Mitglied der Französischen Kommunistischen Partei nähert er sich den Surrealisten und beteiligt sich vor allem zwischen 1928 und 1934 an ihren Aktivitäten. Das absolut ehrliche Zeugnis seiner 1972 veröffentlichten Erinnerungen (*Révolutionaires sans révolution*) schlägt wie eine Bombe ein. Bekannt geworden war er mit einer erotischen Geschichte. *Le Grand Ordinaire* (1943), die in der Öffentlichkeit große Beachtung fand.

Tovar, Ivan (San Francisco de Macoris, Dominikanische Republik, 1942). Er bewundert seinen Freund, den Bildhauer Cárdenas und geht dann um 1968 seinen eigenen Weg in einer glatten Malerei von Liebkosungen und Torturen, die sich detailreich wollüstig im Bildraum verflechten. Das Zurschaustellen des Begehrens, das über ein raffiniertes Wissen um die Farbgebung verfügt, ist das eigentliche, ständig erneuerte Thema dieser Begegnungen von Brüsten und Klauen, von scharfen Spitzen und gastlichen Höhlungen, von festen Körpern und aggressiven Sägen vor schwarzen Vorhängen. Durch Tovars Talent haben die Assoziationen zum Liebesakt endlich ihren Dichter-Maler gefunden.

Toyen, Marie Cerminova, *genannt* (Prag 1902). »Toyens ganzes Werk zielt nur darauf ab, die äußere Welt gemäß einem Verlangen zu korrigieren, das sich aus seiner eigenen Befriedigung nährt und hervorwächst« (B. Péret). Nach einigen naiven und populären Arbeiten (um 1925) trifft sie Styrsky, und beide gründen dann den »Artifizialismus«, eine lyrische Form der Abstraktion, die die sinnlichen Assoziationen nicht ausschließt. 1927 – 1928 macht Toyen schon Experimente mit Ausgießen und Materialspielen, die zwanzig Jahre im voraus die Leistungen des abstrakten Expressionismus von Wols und anderen ahnen lassen. Als sie – wieder zusammen mit Styrsky – 1934 sich für den Surrealismus interessiert, hatte sie wohl besonders faszinierende Eindrücke von Rinden, alten Mauern und Strandgut erhalten. Aber das von Leonardo da Vinci an Max Ernst und Dali weitergegebene Wissen um »paranoische« Wahrnehmungen beschwört sie in unnachahmlichen Gesängen, als versuche sie wirklich, gefangene Wesen bewegten Flächen zu entreißen. Von da an bleibt Toyen durch alle mehr oder weniger tiefgreifenden Veränderungen ihres Stils hindurch der magischen Technik der Erscheinungsbeschwörung treu. Für sie ist der Hauptanlaß zum Malen die Absicht, die Phantome aus ihrer bequemen Unsichtbarkeit

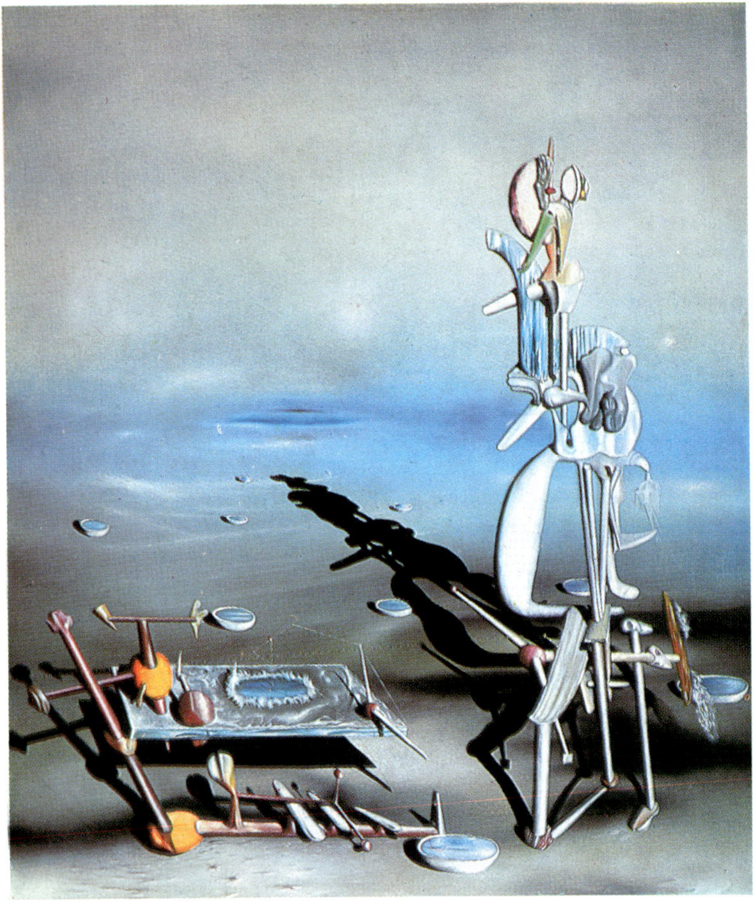

Yves Tanguy, Unendliche Teilbarkeit, 1942. Albright-Knox Art Gallery, Buffalo

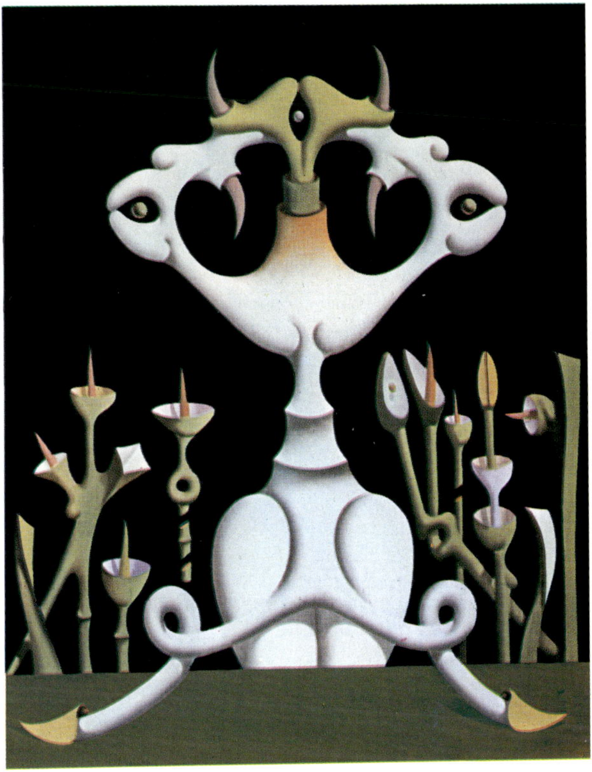

Ivan Tovar, Der Dämon des unberührten Waldes, 1970.
Privatsammlung, Brüssel

hervorzuziehen, sie ans Tageslicht zu holen, damit sie ein wenig vom Unerwarteten in unsere Alltagsexistenz bringen. Obwohl seit 1947 in Paris ansässig, ist Toyen die unbekannteste von allen großen surrealistischen Malern. Ihre Vorliebe für die Einsamkeit, ihre Abscheu vor der geschäftlichen Seite der Kunstwelt und ihre Anhänglichkeit an Breton sind sprichwörtlich geworden. Ihre zärtlichen Gespenster mit den vor trüber Begehrlichkeit phosphoreszierenden Blicken werden um so spontanere Zustimmung auslösen, sobald die Öffentlichkeit sie erst einmal etwas besser kennt, zumal sie der gleichen Tradition des Empfindens angehören, wie die »Schauerromane« oder manche der poetischsten großen Horrorfilme.

Traum. »Kann nicht auch der Traum die Lösung der Grundfragen des Lebens bringen?« (A. Breton, 1924).

Tschechoslowakei. Nirgends hat der Surrealismus einen so tiefreichenden und nachhaltigen Widerhall gefunden wie in der Tschechoslowakei. Die gärende Unruhe in den intellektuellen und künstlerischen Kreisen der Zeit gleich nach dem ersten Weltkrieg sollte sich insbesondere im »Poetismus« (1923 – 1932) Ausdruck verschaffen, einer Übergangsbewegung zwischen dem Kubo-Futurismus und dem Surrealismus, dem im Bildnerischen der »Artifizialismus« Styrskys und Toyens entspricht. Aus der Vereinigung »Devetsil« mit ihren leitenden Köpfen, dem Theoretiker Karel Teige (gestorben 1951) und dem Dichter Vítěslav Nezval (1900–1958), ging 1934 die Prager Surrealistengruppe hervor, in der sich außer Teige, Nezval, Styrsky und Toyen auch der Bildhauer Vincenc Makovsky (1900–1966) sowie die Dichter Konstantin Biebl und Jindrich Honzl zusammenfinden. Wie Breton und Eluard bei ihrer Reise nach Prag 1935 feststellen, ist hier die Beziehung zum Marxismus unvergleichbar offener als in Paris. Trotzdem macht Nezval ähnlich wie Aragon eine Entwicklung zum Stalinismus durch. Unter der Nazi-Besatzung besteht die surrealistische Gruppe um Teige (Styrsky stirbt, Heisler kommt hinzu) im Untergrund weiter, und zwar in der halbsurrealistischen Gruppe *Ra*: Josef Istler (geb. 1919), Ludvik Kundera, Vaclav Tikal (geb. 1906), in der orthodoxen Gruppe um Sporilov, deren bedeutendstes Mitglied Zbynek Havlicek (1922–1969) ist, und in der Slowakei (Mikulas Bakos u.a.). Die Internationale Surrealistenausstellung in Prag 1947 bringt die Maler Istler, Mikulas Medek (geb. 1926), Tikal, und die Dichter Karel Hynek und Vratislav Effenberger um Teige zusammen. Der »Prager Fenstersturz« hält Heisler und Toyen in Paris zurück und zwingt die anderen, wieder unterzutauchen. Aber die Surrealisten agitieren in verschiedenen Zentren, die unterschiedliche Beziehungen zum Strukturalismus, zum Existentialismus und zur Psychoanalyse haben. Generell stellte sich 1935 die enge Verknüpfung mit dem Marxismus heraus. Der Surrealismus hat in der Tschechoslowakei sogar dazu beigetragen, den Marxismus vor der stalinistischen Korruption zu schützen. In Effenbergers Umkreis entdeckt man im »Prager Frühling« die Dichter Stanislas Dvorsky, Petr Kral, Prokop Voskovec, die Collagen von Ivo Medek und Ivana Spalangova, Roman Erbens ab-

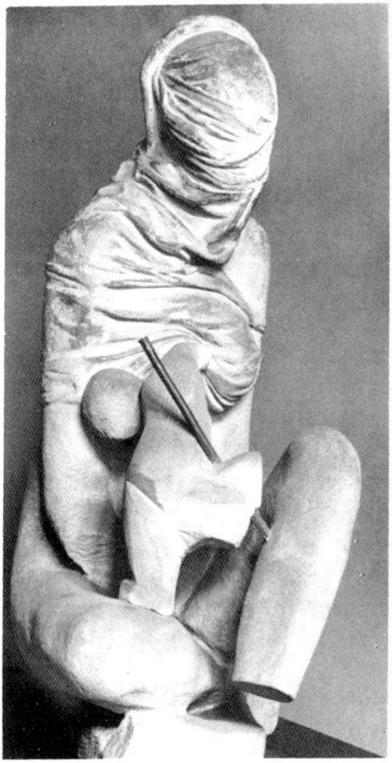

Vincenc Makovsky, Frau mit Kind, 1933, Stein und Eisen. Nationalgalerie, Prag

strakte Rhythmen (geb. 1940), Martin Stejskals »paranoische« Deutungen (geb. 1944) und vor allem seine Umrißzeichnungen von Pin-up-Mädchen auf Kalendern. Aber die Nr. 1 ihrer Zeitschrift *Analogon* erscheint ein Jahr später, nachdem auf tschechoslowakischem Gebiet dem Surrealismus durch die russischen Panzer zum dritten Mal ein Ende gemacht werden sollte.

Tzara, Sami Rosenstock, *genannt* Tristan (Moinesti, Rumänien, 1896 – Paris 1963). »Haben Sie Frösche in den Schuhen?« 1921 trennt sich Tzaras Weg von dem Bretons, um sich erst 1929 im Anschluß an das *Zweite Manifest des Surrealismus* wieder mit ihm zu vereinigen. Taktische Annäherung? Nicht nur das: die Gedichte, die Tzara 1924–1925 gleich nach Dadas Tod schrieb (*Indicateur des chemins du coeur* [*Fahrplan der Herzbahnen*]) sind ganz frei von dadaistischer Aggressivität, und der *Homme approximatif* (1930) ist die klarste Anwendung des automatischen Schreibens auf die Herstellung eines langen Gedichts sowohl epischer wie lyrischer Natur. Der Dichter Tzara enthüllt sich also ganz natürlich als Surrealist. Der intellektuelle Abenteuerer hingegen kommt dabei nicht auf seine Kosten: Dadas unbestrittener Führer wird nur der entthronte König des Surrealismus sein. Verständlich, daß Tzara sich unter diesen Bedingungen bald (um 1936) wieder von Breton und der Gruppe entfernt. Allerdings erlebt er bald darauf das gleiche Pech in der Französischen Kommunistischen Partei, wo Aragon, Eluard, Picasso die ersten kulturellen Rollen spielen. Dennoch wagte Tzara es 1947 als einziger, öffentlich bei einem von Breton gestörten Vortrag die offizielle These der stalinistisch gewordenen Ex-Surrealisten zu verkünden: daß nämlich der Surrealismus naturgemäß zur Französischen Kommunistischen Partei führe – belohnt wurde er für seinen Mut nicht.

Ubac, Raoul (Malmédy 1910). Seit 1934 macht er surrealistische *Photo-Reliefs,* die er aus dem Solarisationsverfahren entwickelt hat. Sie übersetzen Lebewesen und Landschaften in Feuerlinien oder Explosionen, deren geisterhaftes Aussehen durch das *Ab-*

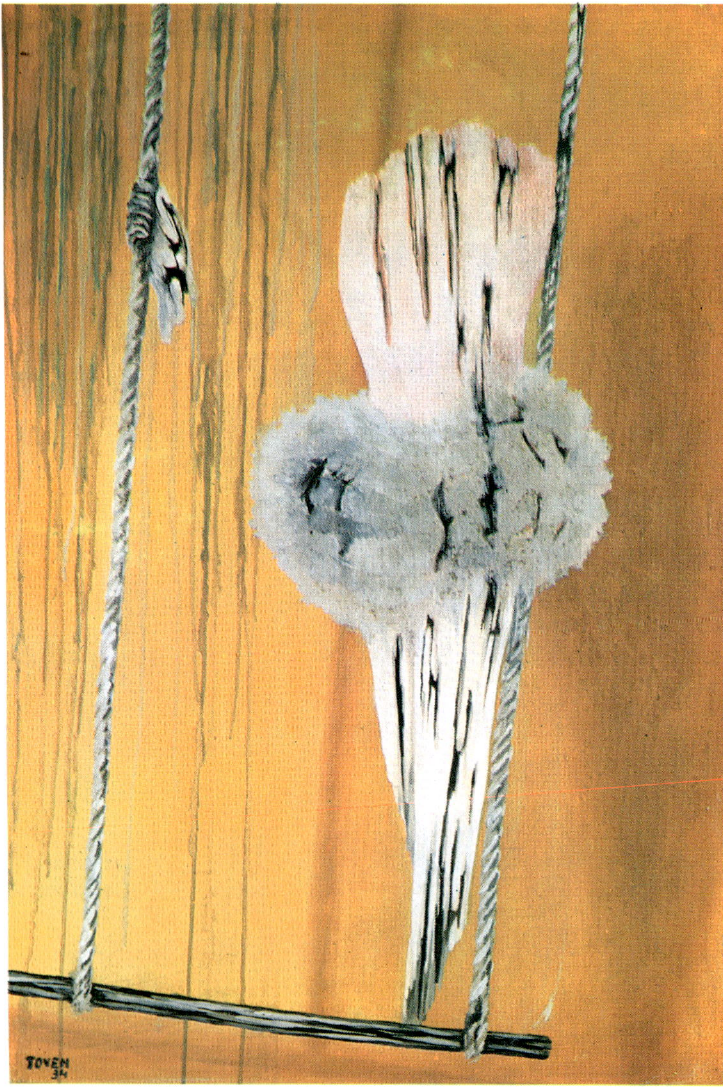

Toyen, Das rote Gespenst, 1934. Nationalgalerie, Prag

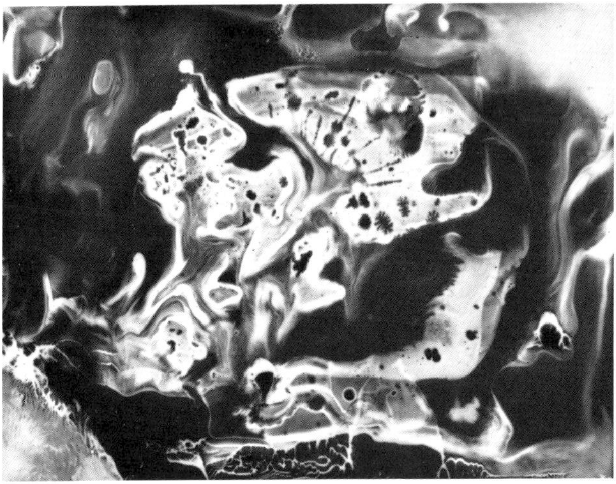

Raoul Ubac, Verbrennung, 1939 – 1940. Im Besitz des Künstlers

sengen (brûlage) noch suggestiver wird. Dann kommt er über eigenartig gestörte Flecken-Zeichnungen (1945) – Magrittes Arbeiten waren ihm sicher bekannt – zu seinen lakonisch gravierten Schiefertafeln.

L'Un dans l'autre (Das Eine im Anderen). Dieses 1953 – 1954 erfundene surrealistische Spiel benutzt einen anderen Aspekt des Mechanismus der dichterischen Analogie. »Einer von uns ging aus dem Zimmer und mußte *für sich allein* entscheiden, mit welchem Gegenstand er sich identifizieren wollte (zum Beispiel mit einer Treppe). Die Übrigen mußten sich in seiner Abwesenheit darüber verständigen, daß er sich als ein anderer Gegenstand (zum Beispiel eine Champagnerflasche) zeigen sollte. Er mußte sich dann als Champagnerflasche beschreiben und solche Einzelheiten nennen, daß sich dem Bild der Flasche allmählich das Bild der Treppe überlagert und es schließlich ersetzt« (A. Breton). Beispiel: »Ich bin ein umgestürzter *Kinderwagen,* der bloß noch einen kleinen Teil des Säuglings enthält. Dieser greift nur bei feierlichen Gelegenheiten auf mich zurück« (Definition von Péret; die Lösung ist: *Zylinderhut).*

Vaché, Jacques (Nantes 1896 – Nantes 1919). »Ein Mann, der glaubt, verdient Aufmerksamkeit.« 1916 begegnet Breton Vaché in einem Lazarett in Nantes. Vachés Distanz zu allen Dingen, den Krieg inbegriffen, prägt Breton zutiefst. Sein Vorbild versetzt ihn offensichtlich in die Lage (l'Umour), gegen seine oft übertriebene Ernsthaftigkeit anzugehen und macht ihm die Notwendigkeit klar (lange bevor er von Dada hört), Kunst und Literatur in Frage zu stellen. »Vaché ist der Surrealist in mir,« schrieb er später. Vaché war gewissermaßen Bretons Nordpol.

Vases communicants (Les) (Kommunizierende Röhren). »Der künftige Dichter wird die deprimierende Idee der nicht wieder gut zu machenden Trennung zwischen Wachen und Traum überwinden.« In seinem 1932 publizierten Tagebuch einer für ihn besonders kritischen Phase, in der er manchmal der Verzweiflung nahe kam, betrachtete Breton das die Tage verbindende Traum- und Gefühlsleben unter den Aspekten von Psychoanalyse und Marxismus. Trotz erheblicher Widerstände beharrt er bis zum Schluß auf der grundlegenden Kommunikation zwischen Traum, Liebe und Revolution.

Vitrac, Roger (Pinsac 1899 – Paris 1952). »Das Herz ist schon rot in den Theaterkulissen, wo gleich jemand sterben wird.« Neben Artaud hatte Vitrac als einziger Surrealist eine direkte Beziehung zum Theater. Les *Mystères de l'amour (Die Mysterien der Liebe)* (1927) sind, wie der Verfasser gesagt hat, nur ein »Echo-Dialog«, aber *Victor ou les Enfants au pouvoir (Viktor oder die Kinder an der Macht)* (1928) konfrontiert witzig und poetisch das kindliche Genie mit der bürgerlich-elterlichen Unterdrückung. Es bleibt aber, wie auch die späteren Stücke (*Le Coup de Trafalgar,* 1934; *Les Demoiselles du large,* 1938), Boulevardtheater.

Waldberg, Isabelle (Ober-Stammheim, Schweiz, 1911). Vor Giacomettis *Schloß um vier Uhr nachmittags* widerfährt Isabelle Waldberg 1942 in New York die Erleuchtung. Ihre ersten surrealistischen Skulpturen sind Kästen und Konstruktionen aus Eisendraht. Später erfindet sie ein traumartiges und nachtwandlerisches Universum, bevölkert von blassen Lebewesen, denen es nicht ganz gelingt, sich von den Mauern, Dächern, Fußböden ihrer winddurchspukten Behausung loszureißen.

Waldberg, Patrick (Santa Monica, Kalifornien, 1913). Er steht von 1941 (New York) bis 1951 den Surrealisten nahe und ist ihr brillanter Chronist. In

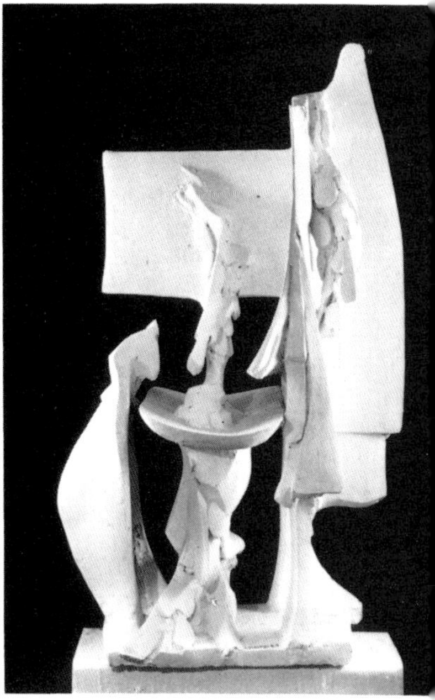

Isabelle Waldberg, Höchste Zeit, 1965, Gips

seinen Essays kommentiert er Anregungen aus dem Umgang mit den Surrealisten und formuliert zugleich seine Unzufriedenheit (*Max Ernst,* 1958, *René Magritte,* 1965). 1964 organisiert er gegen Bretons Willen eine retrospektive Ausstellung der Surrealisten in der Galerie Charpentier.

Das Wunderbare. »Ein für allemal: das Wunderbare ist immer schön, jedes beliebige Wunderbare ist schön, es ist sogar nur das Wunderbare schön« (A. Breton, 1924).

Zuckende Schönheit. Bretons *Nadja* endet mit diesem Satz: »Die Schönheit wird ein *Zucken* sein, oder sie wird nicht sein«. Dieser Satz wird in *L'Amour fou* folgendermaßen weiterentwickelt: »Die zuckende Schönheit wird erotisch-verschleiert sein, explosiv, von magischen Umständen abhängig, oder sie wird nicht sein.«

Zürn, Unica (Berlin 1916 – Paris 1970). »Wer weiß, ob das Skelett heute Nacht nicht über das Efeu zu seinem Fenster klettern und in sein Zimmer kriechen wird?« In unvergeßlicher Sprache hat Unica Zürn das Entstehen der Liebe in Herz und Fleisch eines kleinen Mädchens beschrieben (*Sombre printemps* [*Düsterer Frühling*], 1971). Ihre lebhaften und scharfen Zeichnungen hüllen die Lebewesen in ein wunderbares Fiebergewebe, das die Sicherheit und die suggestive Kraft der Medienbilder besitzt.

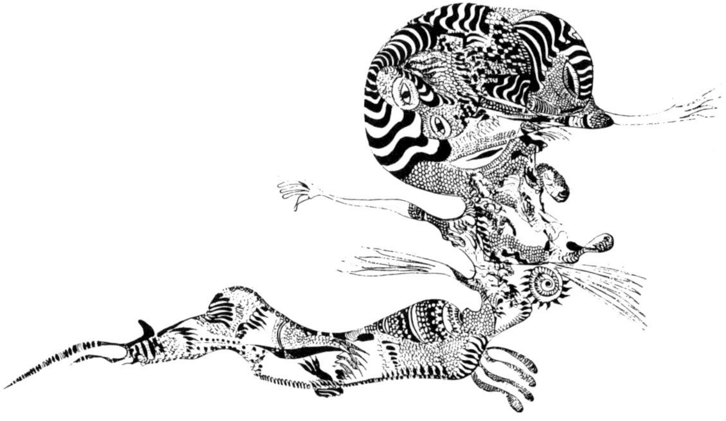

Unica Zürn, Tuschzeichnung

Photonachweis

Albright-Knox Art Gallery, Buffalo 154
Denise Bellon – Images et Textes, Paris 28, 42a, 55, 86, 87, 88a, 88b, 123, 145
Paul Bijtebier, Brüssel 57
Robert Descharnes, Paris 45, 48
Walter Dräyer, Zürich 32, 130, 142
Gilles Ehrmann, Paris 81
Galerie Alexandre Iolas, Paris 104
Galerie François Petit, Paris 41
Galerie Le Point Cardinal, Paris 151a
Galerie Louise Leiris, Paris 22
Galerie Maeght, Paris 121
Thomas d'Hoste, Paris 56, 74
Jacqueline Hyde, Paris 34b, 91
Marcel Lannoy, Paris 59
Marc Lavrillier, Paris 29, 75
Metropolitan Museum of Art, New York 139
Museum of Modern Art, New York 34a, 35b, 50, 72a, 126, 148
Roger-Jean Ségalat, Paris 40, 43, 127
John Webb-Brompton Studio, London 31, 69, 136
E.B. Weill, Paris 19

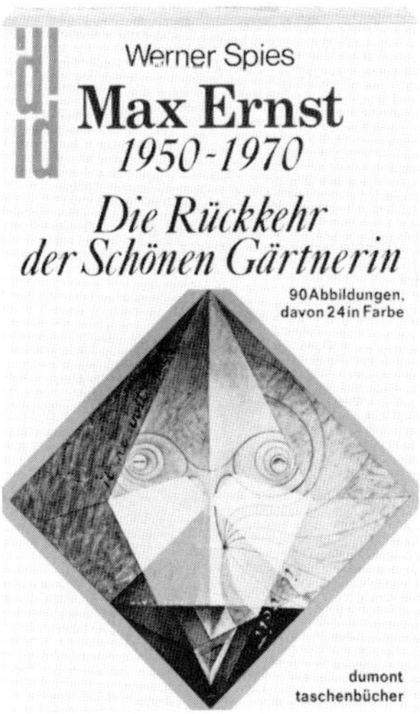

Max Ernst 1950–1970

Die Rückkehr der schönen Gärtnerin. Von Werner Spies. 180 Seiten mit 24 farbigen und 66 einfarbigen Abbildungen und Collagen, Bio- und Bibliographie (DuMont Taschenbücher Band 76)

»Max Ernst bezaubert durch die Vielfalt seiner Phantasie, die im weiten Gebiet der Malerei ihresgleichen vergeblich suchen wird. Sein Werk wird, ausgehend von dem 1968 gemalten Bild ›Die Rückkehr der schönen Gärtnerin‹, in einem hervorragend ausgestatteten DuMont Taschenbuch spannend durchforscht und expliziert.«

Oberösterreichische Nachrichten

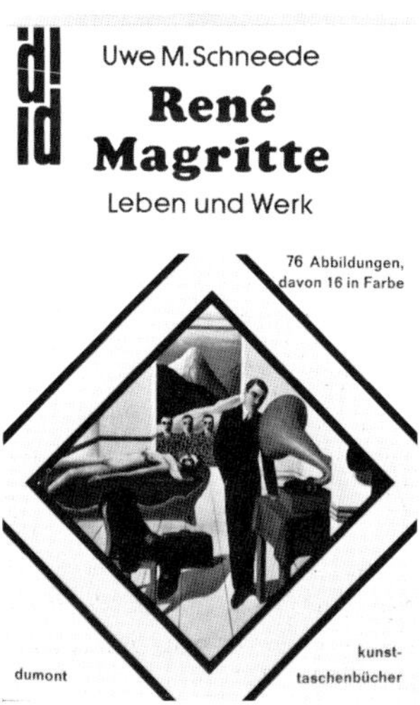

René Magritte

Leben und Werk. Von Uwe M. Schneede. 140 Seiten mit 16 farbigen und 60 einfarbigen Abbildungen, Bibliographie, Namenverzeichnis (DuMont Taschenbücher Band 4)

»Der Belgier Magritte zählt zu den bedeutendsten Surrealisten in der Malerei unserer Zeit. Uwe M. Schneede beschreibt sein Leben und sein Werk mit jener Einfühlung, die besonders bei Künstlern so notwendig ist, die Intellekt und Intuition auf so einzigartige Weise verbinden.«

Offenbach Post

Für die Freunde des Surrealismus

René Magritte: Zeichen und Bilder

Von Harry Torczyner. 272 Seiten mit 82 Farbtafeln und 427 einfarbigen Abbildungen, Faksimiles von Magritte-Briefen, Bibliographie, Leinen mit Schutzumschlag

»Ein in jeder Hinsicht ungewöhnliches Buch. Dem langjährigen Freund des Künstlers ist es gelungen, einen bisher weitgehend unbekannten Magritte vorzustellen, besser: sich vorstellen zu lassen. Denn in zahlreichen Gesprächen und Briefen, in Essays und kritischen Stellungnahmen formuliert Magritte seine ebenso aufschlußreichen wie verschlüsselten, oft widerspruchsvollen Gedanken zum eigenen Werk wie zum Kosmos der Kunst.«

Westdeutsche Allgemeine Zeitung

René Magritte

Von A. M. Hammacher. 160 Seiten mit 48 Farbtafeln und 90 einfarbigen Abbildungen, ausgewählte Bibliographie, biographische Übersicht, Leinen mit Schutzumschlag (DuMont's Bibliothek Großer Maler)

Salvador Dali

Von Robert Descharnes. 163 Seiten mit 51 Farbtafeln und 149 einfarbigen Abbildungen. Biographie, Leinen mit Schutzumschlag (DuMont's Bibliothek Großer Maler)

»Eine profunde und reichlich bebilderte Monographie, die aufgrund genauer Kenntnisse des Werkes und ergiebiger persönlicher Beziehungen zum Künstler erarbeitet wurde.« *Radio Bremen*

Der Surrealismus

Von Patrik Waldberg. Mit Textdokumenten aus La Révolution Surréaliste und von Paul Eluard, Salvador Dali, Max Ernst, André Breton. 130 Seiten mit 8 Farbtafeln, 144 einfarbigen Abbildungen, 45 Zeichnungen, Kurzbiographien, Namenverzeichnis und Zeittafel (DuMont Dokumente)

DuMont Taschenbücher

Stand Herbst '81

Band 2
Horst W. und Dora Jane Janson
Malerei unserer Welt

Band 3
August Macke Die Tunisreise

Band 4 Uwe M. Schneede
René Magritte

Band 6 Karin Thomas
DuMont's kleines Sachwörterbuch zur Kunst des 20. Jahrhunderts

Band 7 Hans-Joachim Albrecht
Farbe als Sprache

Band 8 Christian Geelhaar
Paul Klee

Band 12 José Pierre
DuMont's kleines Lexikon des Surrealismus

Band 13 Joseph-Émile Muller
DuMont's kleines Lexikon des Expressionismus

Band 14 Jens Christian Jensen
Caspar David Friedrich

Band 15 Heijo Klein
DuMont's kleines Sachwörterbuch der Drucktechnik und grafischen Kunst

Band 17 André Stoll
Asterix – das Trivialepos Frankreichs

Band 18 Horst Richter
Geschichte der Malerei im 20. Jahrhundert

Band 22 Wolfgang Brückner
Elfenreigen – Hochzeitstraum

Band 23 Horst Keller
Marc Chagall

Band 25 Gabriele Sterner
Jugendstil

Band 26 Jens Christian Jensen
Carl Spitzweg

Band 27 Oto Bihalji-Merin
Die Malerei der Naiven

Band 28 Hans Holländer
Hieronymus Bosch

Band 29
Herbert Alexander Stützer
Die Etrusker und ihre Welt

Band 30
Johannes Pawlik (Hrsg.)
Malen lernen

Band 31 Jean Selz
DuMont's kleines Lexikon des Impressionismus

Band 32 Uwe M. Schneede
George Grosz

Band 33
Erwin Panofsky
Sinn und Deutung in der bildenden Kunst

Band 35 Evert van Uitert
Vincent van Gogh

Band 38 Ingeborg Tetzlaff
Romanische Kapitelle in Frankreich

Band 39 Joost Elffers (Hrsg.)
DuMont's Kopfzerbrecher
TANGRAM

Band 40 Walter Pach
Auguste Renoir

Band 41
Heinrich Wiegand Petzet
Heinrich Vogeler – Zeichnungen

Band 43 Karl Heinz Krons
Gestalten mit Papier

Band 44 Fritz Baumgart
DuMont's kleines Sachlexikon der Architektur

Band 45 Jens Christian Jensen
Philipp Otto Runge

Band 47 Paul Vogt
Der Blaue Reiter

Band 48 Hans H. Hofstätter
Aubrey Beardsley Zeichnungen

Band 49 Heinrich Hüning
Gestalten mit Holz

Band 50
Conrad Fiedler Schriften über Kunst

Band 52 Jörg Krichbaum/ Rein A. Zondergeld
DuMont's kleines Lexikon der Phantastischen Malerei

Band 53 Edward Quinn
Picasso – Fotos 1951–1972

Band 54
Karin Thomas / Gerd de Vries
DuMont's Künstler-Lexikon von 1945 bis zur Gegenwart

Band 55 Kurt Schreiner
Kreatives Arbeiten mit Textilien

Band 56 Ingeborg Tetzlaff
Romanische Portale in Frankreich

Band 57 Götz Adriani
Toulouse-Lautrec und das Paris um 1900

Band 58 Hugo Schöttle
DuMont's Lexikon der Fotografie

Band 59 Hugo Munsterberg
Zen-Kunst

Band 60 Hans H. Hofstätter
Gustave Moreau

Band 61
Martin Schuster / Horst Beisl
Kunst-Psychologie

Band 62 Karl Clausberg
Die Manessische Liederhandschrift

Band 63 Hans Neuhaus
Werken mit Ton

Band 65 Harald Küppers
Das Grundgesetz der Farbenlehre

Band 66 Sam Loyd / Martin Gardner (Hrsg.)
Mathematische Rätsel und Spiele

Band 67 Fritz Baumgart
»Blumen-Brueghel«

Band 68 Jörg Krichbaum
Albrecht Altdorfer

Band 69 Erich Burger
Norwegische Stabkirchen

Band 70 **Ernst H. Gombrich**
Kunst und Fortschritt

Band 71 José Pierre
DuMont's kleines Lexikon der Pop Art

Band 72 Michael Schuyt / Joost Elffers / Peter Ferger
Rudolf Steiner und seine Architektur

Band 73 Gabriele Sterner
Barcelona: Antoni Gaudi

Band 74 Eckart Kleßmann
Die deutsche Romantik

Band 75 Hilda Sandtner
Stoffmalerei und Stoffdruck

Band 76 Werner Spies
Max Ernst 1950–1970

Band 77 Wolfgang Hainke
Siebdruck

Band 78 Wilhelm Rüdiger
Die gotische Kathedrale

Band 79 Otto Kallir
Grandma Moses

Band 80 Rainer Wick / Astrid Wick-Kmoch (Hrsg.)
Kunst-Soziologie

Band 81 Klaus Fischer
Erotik und Askese in Kult und Kunst der Inder

Band 82 Jörg Krichbaum / Rein A. Zondergeld
Künstlerinnen

Band 83 Ekkehard Kaemmerling (Hrsg.)
Bildende Kunst als Zeichensystem 1

Band 84 Hermann Leber
Plastisches Gestalten

Band 85 Sam Loyd / Martin Gardner
Noch mehr Mathematische Rätsel und Spiele

Band 86 **Rudolf Arnheim**
Entropie und Kunst

Band 87 Hans Giffhorn
Kritik der Kunstpädagogik

Band 88 Thomas Walters (Hrsg.) / Gabriele Sterner
Jugendstil-Graphik

Band 89 Ingeborg Tetzlaff
Griechische Vasenbilder

Band 90 **Ernesto Grassi**
Die Theorie des Schönen in der Antike

Band 91 Hermann Leber
Aquarellieren lernen

Band 93 Joost Elffers / Michael Schuyt
Das Hexenspiel

Band 94 Kurt Schreiner
Puppen & Theater

Band 95 Karl Hennig
Japanische Gartenkunst

Band 96 Hans Gotthard Vierhuff
Die Neue Sachlichkeit

Band 97 Karin Thomas
Die Malerei in der DDR 1949–1979

Band 98 Karl Clausberg
Kosmische Visionen

Band 99 Bernd Fischer
Wasserburgen im Münsterland

Band 100 Peter-T. Schulz
Der olle Hansen und seine Stimmungen

Band 101 Felix Freier
Fotografieren lernen – Sehen lernen

Band 102 Doris Vogel-Köhn
Rembrandts Kinderzeichnungen

Band 103 **Kurt Badt**
Die Farbenlehre van Goghs

Band 104 Wilfried Hansmann
Die Apokalypse von Angers

Band 105 Rolf Hellmut Foerster
Das Barock-Schloß

Band 106 Martin Gardner
Mathematik und Magie

Band 107 Joost Elffers / Michael Schuyt / Fred Leeman
Anamorphosen

Band 108 Götz Adriani / Winfried Konnertz / Karin Thomas
Joseph Beuys

Band 109 Bernd Fischer
Hanse-Städte

Band 110 Günter Spitzing
Das indonesische Schattenspiel

Band 111 Gerd Presler
L'Art Brut

Band 112 Alexander Adrion
Die Kunst zu zaubern

Band 113 **Jan Bialostocki**
Stil und Ikonografie

Band 114 Peter-T. Schulz
Der Kuckuck und der Esel

Im Januar 1982 erscheinen:

Band 115 Angelika Hofmann
Ton

Band 116 Sara Champion
DuMont's Lexikon der archäologischen Fachbegriffe und Techniken

Band 117 **Rosario Assunto**
Die Theorie des Schönen im Mittelalter